漫画・うんちく居酒屋

室井まさね

メディアファクトリー新書　071

メディアファクトリー新書　071

漫画・うんちく居酒屋　目次

『漫画・うんちく居酒屋』制作者

著者
室井まさね
メディアファクトリー新書編集部（監修）

漫画
室井まさね

カバーイラスト
つくし

本文ＤＴＰ
明昌堂

校正
西進社

装丁
下平正則

編集
西條弓子（メディアファクトリー）

編集長
安倍晶子（メディアファクトリー）

人々が集い、語り、精神を解放させる場所「居酒屋」
そこに突如現れ、
ありとあらゆるジャンルの「酒のうんちく」を
語り尽くして去っていく謎の男がいる。
男の名は雲竹《うんちく》雄三《ゆうぞう》。
これは、彼に出会ってしまった人々が
役に立つかもしれない、
立たないかもしれない「うんちく」を
獲得していく物語である――。

本書には、酒と居酒屋に関する
３００以上のうんちくが収録されている。
各話の合間のクイズも併せて楽しんでほしい。

第1話

とりあえずビール

つるや
えーと
とりあえずビール!
俺も――
…知っているか?
広島弁で「とりあえず」を「たちまち」という――
――つまり広島ではこういうのだよ
「たちまちビール」…と!
………
……誰?
知らねー……

お待たせしました――
瓶ビールはなぜ633㎖という中途半端な量なのか知っているか？
……
それは昭和初期ビールに税金をかける際メーカーごとにバラバラだった瓶の容量を最も少ないものに統一したからなのだよ
YEBISU
そうすれば大きい瓶もそのまま使用できる…それが大瓶633㎖小瓶334㎖だったというわけだ…
…なんなんだこのオッサン⁉
なんでトレンチコート…？
…ビールといえばドイツ――
ドイツでは法律でビールに水・麦芽・ホップ以外の使用を禁じてきた

——つまり米やコーンスターチなどの副原料を含む日本の多くのビールはドイツではビールとは呼ばれない可能性もある…知っているか？
………
…そして日本で鍋を持って豆腐を買いに行くように——
ドイツではジョッキを持ってバーにビールを買いに行くこともある
——またオリンピックで金メダルを獲ると毎月ビール50ℓがもらえるというのもドイツならではといえるだろう…
…あのー
あんた誰⁉
…失礼 私の名は雲竹雄三《うんちくゆうぞう》
人は私をこう呼ぶ——
ミスター・ナレッジ《うんちく》…と！

………
ビールがいつどこで生まれたか知っているか?
紀元前3千5百~3千年頃のメソポタミア!
パンを水に浸けて発酵させただけのドロリとしたそのビールを——
ストローを使って飲んでいたのだ!
ちなみに日本の国産ビール第1号は「スプリング・バレー・ブルワリー」製!
その醸造所があった横浜・山手がビール発祥の地として定着している
……へえ…
ぐいっ

「ギネスビール」と「ギネスブック」の関係を知っているか!?
たん
1951年ギネス社の社長がパブで「ヨーロッパムナグロとライチョウのどちらが速いか?」という議論になり——
「いろいろな世界一を集めた本があれば」と思いつきギネスブックが生まれたのだ!
海外のパブでぬるいビールを出されたことはないか!?
えっ!?
いやないっス…
日本で多いピルスナーと呼ばれるビールは5℃前後で発酵させる「下面《かめん》発酵」であり冷やして飲むほうがよいが——
イギリスのエールやスタウトなどは20℃前後で発酵させる「上面《じょうめん》発酵」でありこうしたビールは常温で飲むほうがうまいのだ!

きみは「ラッキーエビス」を知っているか⁉
ラベルの恵比寿が持っている鯛は通常1匹！
ところが瓶ビールのうち数百本に1本——
ビクの中にもう1匹鯛を持っている恵比寿がいる！
この私ですらいまだ目にしたことがない超レアな…
あった♥
………

カラカラ!!
パタン
………
なんだったんだ……?
ガラッ
「ドラフトビール」とは生 すなわち加熱処理していない ビールのことであり
「ラガービール」とは 貯蔵熟成された もののことだ!!
ピシャリッ
………

第1話のうんちくを振り返ってみよう

雲竹雄三の教養再確認クイズ

テーマ

とりあえずビール

Q1 ビール大瓶の容量はなぜ「633ml」という半端なサイズ?

Q2 ビールは、いつ、どこで生まれたか?

Q3 国産ビール第1号はどこで生まれたか?

解答は次のページ

(雲竹雄三の教養再確認クイズ)「とりあえずビール」

〈解答〉

A1 酒税法の改正時に、いちばん小さな瓶を基準としたため

昭和15年、新しい酒税法の制定にあたり、それまでメーカーによって異なっていたビールの容量を統一しようと、各社のビール瓶が調査された。すると最大が3.57合、最小が3.51合だった。いちばん小さな瓶に合わせてビールの容量を定めれば、それより大きい瓶も使える。ということで、3.51合=633.168mlと定められたのだ。

A2 紀元前3500～3000年頃のメソポタミアといわれている

シュメール人によってビール造りの様子が描かれた紀元前3000年頃の記録が残っており、一般的にはそれが最古のビールの記録とされている。もちろん諸説あり、たとえば紀元前7000年頃との説もある。いずれにせよ、古くからビールは人々の喉を潤してきたのだ。

A3 国産ビール発祥の地は横浜

明治3年、アメリカ人のウィリアム・コープランドが日本で初めて個人経営のビール醸造所を作った。それが横浜・天沼の「スプリング・バレー・ブルワリー」。ビールは「天沼のビアザケ」として、日本人も喜んで飲んだという。その後、土地と建物は「ジャパン・ブルワリー」に受け継がれて「キリンビール」を生み出すことになる。

第2話 日本の宝

たん!
…っかー―!
やっぱ日本人は日本酒だなー!
おでん
お客さん知ってっか?
今日10月1日は日本酒の日なんだヨ
へえ…
でもなんで?
それは…
かつて日本酒の酒造年度は10月1日からと定められていたからなのだよ!
!?
――失礼 私の名は雲竹雄三
人呼んで「ミスター・ナレッジ《うんちく》」
……親父 いつもの
へい
………

お客さん
今日はとびっきりの酒が入ったんだヨ！
純米大吟醸生一本 山廃《やまはい》造り――
「亀正宗」!!
な…なんかすごそうだな
利いてみっか？
うまい！
すっきりして飲みやすいねー
いくらでも飲めそうだ
そりゃ純米大吟醸だもの！
…大吟醸とは精米歩合50％以下――つまり米を半分以上削って造った酒のことであり――
純米酒とは醸造アルコールを加えていないということだ
――通常 純米酒は本醸造より格上と思われているが…
こと大吟醸に関しては逆！

本醸造は醸造アルコールでいわば「水増し」した酒のことだが　吟醸酒の場合
香りを際立たせ　味をスッキリさせるためにアルコールを添加するのだ
吟醸酒にもピンからキリまであるが——
本物と呼べるものはまず間違いなく本醸造だ！
………
つくねとはんぺ——
それから「生《き》一本《いっぽん》」とは単一の製造所のみで造られたもの——つまり「桶《おけ》買《が》い」をしていないということを指す
そして「山廃造り」とは「山卸《やまおろし》をしていない生《き》酛《もと》で造った酒」という意味だ
生酛とは文字どおり酒の元である「酛《もと》」に初めから乳酸を添加している「速醸酛《そくじょうもと》」に対し酛の中で自然に乳酸を培養したもののことで
…つくねとはんぺんスね
デッキブラシのようなもので米をすり潰し酵母を育ちやすくする「山卸」という方法で造られていた
ども

酒造技術の向上でこの山卸をしなくとも生酛を造れるようになり これを「山卸《やまおろし》廃止《はいし》酛《もと》」という
山廃とはつまり「山卸はしてないが生酛で本格的な造り方をした酒」ということを謳《うた》っているのだよ
…牛スジと大根…
…へい
——それは？
新潟の地酒「六海山」だ！
んーどっしりと深みがあって…
うまい！
地酒はその昔「下らない酒」と呼ばれていた
知っているか？
江戸時代 うまい酒といえば上方《かみがた》…兵庫の灘や京都の伏見の酒であり江戸ではこれを上方から下って来る酒——
「下り酒」と呼んで珍重していた

…そして 地元で造っている地酒は「下らない酒」と呼ばれ それが「くだらない」という言葉の語源となったのだよ…
……
……こんにゃくと がんも
…へい
…ったく
最近の若い奴はよー!
誘ったんだよ 若い連中も!
「うまい日本酒の店がある」って そしたらよー
「いや僕 日本酒は あんまりー」
「あたしワインしか 飲まないんですー」
日本人なら 日本酒だろー!?
なァ兄さん あんた そう思わないか!?
清酒の消費量は 1975年をピークに いまや3分の1にまで 減少している…
まったく 嘆かわしいなー!

まー　正直言うとさ―――
俺も昔はあんま好きじゃ
なかったんだけどね
日本酒がうまくない　と
思う者は
少なくない…
戦後は質より量で
3倍増など不純物で水増し
した酒が大量に出回った
その頃に「日本酒は
まずい」という
イメージが広まって
しまったのだ
…しかし日本酒がまずいと
いう人間は単に―――
うまい日本酒を
飲んだことがない
だけなのだ！
そう！
そのとおり！
いまじゃ俺もすっかり
日本酒党さ！
お袋によく言われたよ
「おまえは酉《とり》年だから
酒呑みになると
思った」って
ホラ酒って字
さんずいに酉って
書くだろ？
酉
「酉」という字は
酒壺の形から
来ているのだ
あー
なるほど！

――でなんでこれで酉って読むワケ？
……
カラカラ…
たん
…お客さん
…スマン
傷つけるつもりはなかったんだ…

第2話のうんちくを振り返ってみよう

雲竹雄三の教養再確認クイズ

テーマ 日本の宝

Q1 「生一本」とはどんな酒か?

Q2 「山廃《やまはい》」とはどういう意味か?

Q3 「下り酒」とはどういう酒か?

解答は次のページ

〈解答〉

A1 「生一本」とは、単一の醸造元だけで造られた酒のこと

ラベルに「生一本」という表記があれば、その瓶には単一の醸造元で造られた清酒だけが入っていることを示している。わざわざそう書かれるのは、複数の醸造元の酒を混ぜた酒もあるからだ。他の醸造元から酒を買ってブレンドすることを「桶買い」という。

A2 「山《やま》卸《おろし》廃《はい》止《し》酛《もと》」の略。山卸はしていないが生酛で造った酒の意

酒の元である「酛」を作る際、昔は蒸し米をすり潰す「山卸」という重労働を行っていた。現在では、仕込みの段階で乳酸を加えて短期間で酛を造る方法が一般的となっているが、「山廃」の場合は、仕込み時に乳酸を加えるのではなく、時間をかけて自然に生成されるのを待つ。そうして生まれた「生酛」を使って酒を造るのだ。

A3 江戸時代、銘酒処の上方から江戸に運ばれた酒

江戸時代に優れた醸造技術を誇っていたのは上方（畿内地方のこと）だった。灘や伏見から江戸に運ばれた酒は左手に富士を見ながら下って来た酒なので「下り酒」や「富士見酒」と称され、江戸の人々に愛飲されたという。その一方で、江戸近辺で造られる地酒はランクが下の酒とされ、「下らない酒」と呼ばれた。

第3話
焼酎讃歌

っはー!
やっぱ焼き鳥にゃ焼酎だよなー!
ねぇねぇ
酎ハイの「ハイ」って何?
飲んだらハイになるってこと?
バーカ
ハイボールの「ハイ」だよ!
ハイボールって?
ウイスキーのソーダ割りのこと
焼酎ハイボールの略だな
なんで「ハイボール」ってゆーの?
うっ…
それは…
気泡が次々と上がっていく様《さま》からつけられたのだよ!※
!?

※異説もある

スイマセーン
満席なもんで相席《あいせき》お願いできますかー？
あ！
「うんちくうぞう」さん！
……雲竹雄三だ
………
…なあ
店変えよーか？
えーなんでー？
…「本格焼酎」が普通の焼酎とどう違うのか知っているか……？
うっ…
来たッ…！
焼酎には「甲類《こうるい》」と「乙類《おつるい》」がある…日本古来の製法で醪《もろみ》を「単式蒸留」して造る「乙類」に対し
連続蒸留機で工業的に造るものを「甲類」と呼ぶ…

――しかし「乙」では「甲」より劣ると思われかねない そこで これを「本格焼酎」と銘打ったのだ
ふーん
相手にすんな ……！
そして焼酎の本場といえば…
すいませーん つくねとねぎまくださーい！
えっ 何何？
………
焼酎の本場九州でも地域ごとに好みが違い福岡・長崎・大分では麦焼酎が主流だが
熊本では米焼酎 鹿児島では芋焼酎 そして宮崎では麦・芋・ソバの3種が愛飲されているのだ
焼酎って何で造ってもいーの？
60種類以上の食品が原料として認められている
――だがそのなかで奄美群島以外での製造が禁止されているものがある
それは「黒糖焼酎」だ

奄美の特産である黒糖焼酎は黒糖だけで造ることができる…が
必要のない米麹《こめこうじ》を必ず入れることになっている…なぜかわかるか？
それは——
米麹を入れないと酒税法上「焼酎」ではなく「スピリッツ」になってしまうからだ…！
スピリッツになったらダメなの——？
税率が高くなるのだ
——つまり販売価格を抑えるために…
すいませーん
レモンハイおかわりー!!
ぷはー
笑いをこらえている↓
………
焼酎と泡盛の違いを知っているか…？
知らなーい ってゆーか 関係あるのー？

泡盛は米焼酎の一種だが 製法は大きく異なる まず日本産の米ではなく 砕いたタイ米を使う
…聞いてないな コイツ…
…そして白麹《しろこうじ》ではなく 「黒麹《くろこうじ》」を使い 通常2回に 分けて仕込む醪《もろみ》を1回で ——つまり米をすべて麹にして 「米麹」だけで造る酒なのだ
——だが泡盛は日本 最古の焼酎であり この製法こそが オリジナルといえる
それが江戸時代 薩摩藩によって 江戸にもたらされ その後 参勤交代で 全国に広まっていったのだよ…!
古来の製法で造られる 泡盛は長期熟成に適し 3年以上熟成したものを 「古酒《くーす》」と呼——
すいませーん 「ぼんじり」って なんですかー!?
…おまえ 絶対ワザと やってるだろ?
……
えー 何がー?
…中国では焼酎のことを 「阿剌吉《アラキ》酒」といい
日本でも江戸時代は その名で呼んでいた…

錬金術と共に世界中に広まった蒸留器はアラビア語で「アランビック」と呼ばれ それがやがて蒸留酒を生み出した
トーマス・ノートンの蒸留器
ヨーロッパではいまでもブランデーやウイスキーの蒸留釜を「アランビック」と呼びそれが「阿剌吉酒」の語源になったのだ
日本では火薬を造るのに使われていたアルコールが日露戦争後大量に余り これを水で割って「新式焼酎」として売り出した
ぼんじり美味しー♡
これがいまでいう「甲類焼酎」だ
……
…発泡酒が現れるまで焼酎は庶民の強い味方だった
70年代 焼酎は低所得者ほど消費額が多く 高収入になるほど少なかった
…そして原価が安く割るのが当たり前の焼酎は利益率が高く――
居酒屋の味方でもあるのだ…!

…そして忘れてはならない焼酎の友「ホッ…
すいませーん
梅酒サワーとレバーと軟骨くださーーい!!
え？
……
何何??
…ったく
うぜーんだよぉあのウンチク親父!
おまえもあんな酔っ払い相手にすんなよな
えー
違うよー酔っ払いじゃないよーー
ウーロン茶しか飲んでないもんあの人
嘘だろ!?
安い焼酎を度数0・8%の麦芽飲料「ホッピー」で割れば格安ビールのできあがり……
あのー…
閉店なんスけど
ブツブツ…

第3話のうんちくを振り返ってみよう

雲竹雄三の教養再確認クイズ

テーマ 焼酎讃歌

Q1 焼酎の「甲類」「乙類」はどう違う?

Q2 黒糖焼酎にはなぜ米麹《こめこうじ》が使われる?

Q3 泡盛《あわもり》が全国に広まったのはなぜか?

解答は次のページ

雲竹雄三の教養再確認クイズ 「焼酎讃歌」

〈解答〉

A1 蒸留方式の違いであり、乙が甲に劣るわけではない

日本古来の製法で、醪《もろみ》を「単式蒸留器」で蒸留したものが「乙類」、「連続式蒸留器」で工業的に蒸留したものが「甲類」である。また、一般に「本格焼酎」というと乙類の焼酎を指すことが多いが、正しくは原料や製法などの一定条件を満たした焼酎乙類のみを指す。

A2 米麹を用いることにより、税率が低くなるから

奄美群島でのみ造られている黒糖焼酎。サトウキビから造られる黒糖と米麹が原料だが、実は黒砂糖だけでも造ることができる。米麹を用いて発酵させるのは、黒糖だけで造ると、酒税法上「焼酎」ではなく「スピリッツ」に分類されるから。アルコール分が13度以上だと、焼酎よりもスピリッツのほうが税率が高いのである。

A3 薩摩藩が江戸に持ち込み、参勤交代で全国に広まった

「泡盛」は15世紀にタイから琉球に伝わったのを起源とする説が有力だが、いずれにしても日本で最も古い焼酎である。江戸時代になって琉球を支配した薩摩藩が江戸に持ち込んだ。その後、参勤交代によってその蒸留技術が各藩に伝えられ、全国に広まったという。

第4話 ワインは饒舌《じょうぜつ》

「シャトー・オー・ブリオン・ブラン」2003年のヴィンテージです
数少ないオー・ブリオンの白《ブラン》──
あなたのために特別に取り寄せてもらったんですよ優子さん
ボルドーの白といえばイケムのような甘口が主流ですが──
このオー・ブリオンの辛口だけは別格なんですよ
デカンタージュいたしますか？
いや結構
澱《おり》が出るのはいいワインの証《あか》し…知ってますか？
ボトルの上げ底は澱がグラスに入らないためのもの…
つまりこの上げ底が高いほどいいワインというわけです
……

…「澱」ってなんだかご存じ…？
え？
酵母菌の死骸よ
ぶほっ
…やっぱりデカンタしてもらおうかな
かしこまりました
彼は 僕がいちばん信頼しているソムリエでね
世界ソムリエ・コンクールで優勝したこともあるんだ
…ソムリエが誕生したのは17世紀——その頃はいまとは違う仕事をしていたのをご存じかしら？
違う仕事…？
君主の毒見役よ
……………

「シャトー・ムートン・ロートシルト」2006年です
リッチで豊潤…なめらかでビロードのような口当たり…
ボジョレなんて安酒をありがたがってる連中にはこの味はわかりませんよ！
…フランスでは収穫日やワインの出荷日が法律で決められているわ
ボジョレ・ヌーボーはフランス全土でいちばん早く出荷できるの ワインの長期保存ができなかった頃はこの新酒が出るのを皆 待ちわびていたのよ
解禁日はもともと11月15日だったけどその日が日曜だったりすると出荷が遅れてしまうので11月の第3木曜日に改められたのよ
——ちなみにボジョレに使われる「ガメ種」はブルゴーニュでは「邪悪なブドウ」といわれ栽培を禁止されたこともあったけれどボジョレでもヴィラージュやクリュにはいいものもあるのよ
……そうですか…

…そうそう このムートンのエチケット※は毎年有名なアーティストによって描かれるんですよ！
これまでにもダリやピカソシャガールなどそうそうたる——
ギャランティは画家が希望する年のムートンだそうね
…そうです
※ラベルのこと
1993年のバルテュスの裸の少女のデッサンはアメリカでは「児童虐待」と騒がれて白紙のラベルにされてしまいコレクター垂涎《すいぜん》の一品となっているのよ
…へえ…
………
カチャ
カチャ
…それでは最後に…
あなたのためにとっておきの1本を——

「ドン・ペリニョン」ヴィンテージは1999年です!
シャンパンとはシャンパーニュ地方で穫れたものだけを指す名――
それ以外のただの発泡ワインとは違うことはご存じですよね?
ええ…でも発泡ワインの発祥はシャンパーニュではないのをご存じ?
…え⁉
えーなの⁉
ベネディクト派の修道士ドン・ペリニョンが発明者だといわれているけれど実際はイギリス発祥らしいわね
そもそもフランスでは泡の出るワインは欠陥品だと思われてたのよ
けれどイギリス人はビール好きだったから
たまたまできた泡の出るワインを気に入ったのね
そして赤ワインの名産地だったシャンパーニュは王室御用達の座をブルゴーニュに奪われ
形勢挽回のためにこの発泡ワインを取り入れシャンパンが誕生したというわけよ

…おいしい
さすがはヴィンテージものね…
しー…ん
カチャ
………
カチャ
ははっ僕はヴィンテージものしか飲みませんよ
あらそう？すごいわね
シャンパンは普通ヴィンテージはつかないのよ
えっ…？
ヴィンテージというのはブドウを収穫した年のこと——でもシャンパンはいろいろな村や畑や年の赤と白を混ぜて造るからヴィンテージはもちろん村名や区画名もつかないのが普通よよほどの当たり年があればその年代を表示するけどそれは並のものとは違う特上品だけなの
………
ごちそうさま
おいしかったわ
えッ

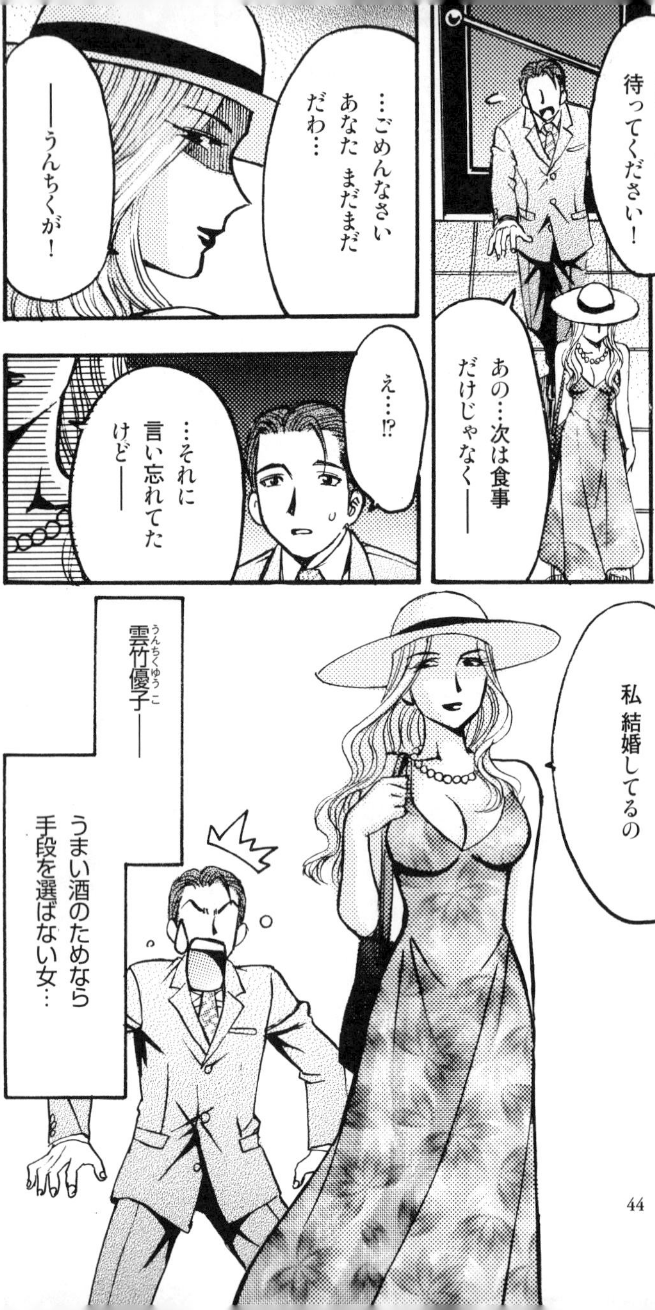
優子さん 待ってください！
あの…次は食事 だけじゃなく——
…ごめんなさい あなた まだまだ だわ…
——うんちくが！
え…!?
…それに 言い忘れてた けど——
私 結婚してるの
雲竹《うんちく》優子《ゆうこ》——
うまい酒のためなら 手段を選ばない女…

第4話のうんちくを振り返ってみよう

雲竹雄三の教養再確認クイズ

テーマ ワインは饒舌

Q1

白ワインの「澱《おり》」の正体は何か?

Q2

ソムリエはかつて、どんな役目を担当していた?

Q3

最上級といわれるボジョレワインとは何か?

解答は次のページ

（雲竹雄三の教養再確認クイズ）「ワインは饒舌」

〈解答〉

A1 主に、酵母菌の死骸

白ワインには、細かな粉のようなものが浮遊していることがある。「澱」と呼ばれるその物質の正体は、ワイン造りのプロセスで必ず溜まる酵母菌の死骸。死骸といっても、味や香りに独特な深みを出してくれる効果があるため、わざとフィルターをかけず澱を残す場合もある。なお、赤ワインの澱はタンニンやアントシアニン。

A2 君主の荷物運びと、毒見役

ソムリエが誕生したのは17世紀。当初はあるじの生活必需品を調達したり運んだりする仕事をしていたほか、君主の暗殺を未然に防ぐため、君主が口にする食料、飲料のすべてを毒見する任務が課せられていた。君主にとってはそのソムリエに命を預けることになるので、絶対の信頼が必要だったと思われる。

A3 クリュ・ボジョレ

ボジョレワインというとヌーボー（=新酒）が非常に有名だが、より熟成させたものも存在し、おおまかに3つのカテゴリーに分けられている。まず、普通の「ボジョレ」。それより一格上がったものが「ボジョレ・ヴィラージュ」。そして最上級に相当するものが「クリュ・ボジョレ」である。

第5話 郷愁のウイスキー

ウイスキーといえば……

アイリッシュだ！
スコッチだ！
バーボンだ！
モルトだ！
ストレートだ！
モルト以外のウイスキーなんかあり得ん！
ピュアさでアイリッシュに勝てるものなんか
オークの香り高いバーボンこそ
アイラをニートで飲むのが
いや違う！
…なんなんだあの3人は!?
イギリス人とアイルランド人とアメリカ人のウイスキー論議に火がついたらしく
他の客の迷惑だなんとかしろ
アイリッシュこそウイスキーの元祖！
ウイスキーはアイルランドで生まれたんだ！
そのとおり

ヘンリー2世がアイルランドに侵入したとき ゲール人が「ウシュク・ベハー」という蒸留酒を飲んでいたとの記録が残っている…
これがやがて「ウシュケボー」「ウイスキー」と変化した…それは「命の水」という意味だ
………
それがどうした!
ウイスキーといえばあの美しい琥珀《こはく》色…色のついたウイスキーはスコットランド発祥だ!
そのとおり
1707年イングランドに併合されたスコットランドの酒造業者たちは
税金逃れのため山中で酒の密造を始めた…このときシェリーの空き樽に詰めて隠していたところ熟成されて色と香りがついた
…いいかッ
バーボンは権力者との闘いのなかで生まれたんだ
バーボンこそアメリカの魂!自由の象徴!!
そのとおり

ウイスキーへの課税に反乱を起こし鎮圧された酒造家たちは 税吏から逃れるためテネシーやケンタッキーで酒を造るようになる…この地ではライ麦があまり穫れずトウモロコシで代用したのがバーボン・ウイスキーの始まりだ
…ちなみにトウモロコシが51%以上80%以下のものをバーボンといい81%以上はコーンウイスキーライ麦が51%以上ならライウイスキーとなる
………
日本を含む世界の5大ウイスキーのうちスコッチジャパニーズカナディアンは「whisky」
アイリッシュとアメリカンは「whiskey」と綴る…なぜか知っているか!?
え!?
いや……
それは歴史を見ればおのずとわかる!

アイルランドで生まれたウイスキーは スコットランドでスコッチになった
彼らはこれをアイリッシュと区別するため「e」を取って表記したという
その後アメリカに渡ったアイルランド系移民によってバーボンが造られイギリス領となったカナダではスコッチの流れを汲むカナディアン・ウイスキーが生まれたというわけだ
そしてスコットランドでウイスキー造りを学んだ竹鶴政孝《たけつるまさたか》が造り出したのが——
1929年寿屋（現サントリー）が売り出した「白札《しろふだ》」が
——したがって日本のウイスキーも「whisky」なのだ！
…ウイスキー好きを自認するなら当然知っているな⁉
「シングルモルト」と「ピュアモルト」の違いはなんだ⁉
！

あたり前だ！
「シングル」は単一の製造所で造られたモルト（麦芽）ウイスキー「ピュア」は複数の蒸留所のモルトを混ぜたものだ！
正解！
——つまり「シングルモルト」とは日本酒でいう「生一本」のこと
さらにウイスキーの場合単一の〝樽〟のものだけを瓶詰めした「シングルカスク」なるものもある！
次きみ！
「天使の分け前」とは!?
ちょろいな！
樽で熟成させるあいだに蒸発して失われてしまう分のことだ！
そのとおり！
失われる量は年に約2％
12年もので2割強30年ものとなると半分近くも天使に飲まれてしまう！

最後！
「ストレート・ウイスキー」とはなんだ!?
常識だ！
ストレートとは「よく熟成されている」という意味だ！
そのとおり…だがそれはアメリカン・ウイスキーの場合で
何っ!?
アイリッシュの場合は「原酒」という意味になる！
そーなのか!?
日本では一般に割らないことを「ストレート」というが海外では「ニート」ともいう…
日本ではウイスキーといえば「水割り」が定番だがこれを最初に提唱したのはサントリーだそうだ
しかし外国ではニートまたはオン・ザ・ロックで飲むのが主流で水割りなど軟弱な飲み方と思われている
…が！
実はこの「水割り」はウイスキーの味が最もよくわかる飲み方なのだ！
えっ!?

プロが利き酒をするときは1対1の水割りを使う
この比率が強いアルコールの刺激を減らし香りもよく引き出すのだ
知らなかった…
俺たちまだまだだな
ウイスキーの世界は奥が深い…
よし！
今夜はとことん飲もう！
ありがとうございます
おかげで丸く収まりました
…知っているか？ブランデーのことを仏語で「オー・ド・ヴィー」
やはり「命の水」という…
は…？
つまり蒸留酒はすべて「命の水」なのだよ…
………勉強になります

第5話のうんちくを振り返ってみよう

雲竹雄三の教養再確認クイズ

テーマ 郷愁のウイスキー

Q1 「ストレート・ウイスキー」とは、どんな意味か?

Q2 ウイスキー発祥の地はどこか?

Q3 日本で「ウイスキーの水割り」を広めたのは?

解答は次のページ

〈解答〉

A1 種類によって違うが「よく熟成された」もしくは「原酒」の意

アメリカのウイスキーか、アイリッシュウイスキーかによって、「ストレート・ウイスキー」の意味は異なる。アメリカのウイスキーの場合は、内側を焼いたホワイトオークの新樽で2年以上熟成させたものを指し、アイリッシュウイスキーは単式蒸留器で3回以上蒸留した原酒を製品化したものをいう。

A2 アイルランド、スコットランドの2説がある

漫画で雲竹雄三は「アイルランドで生まれたウイスキーは」と言っているが、アイルランド説とスコットランド説があり、長年の論争になっているようだ。1172年にすでにアイルランドに存在したと読み解ける文献があるとされる一方で、1494年、スコットランドの公文書にある記述が最も古いともいわれ、まだ決着はついていない。

A3 サントリーが提唱し、普及した

諸説あるものの、サントリーが「和食にも合うウイスキーの飲み方」として高度成長時代に提唱したのが始まり、というのが有力。サントリーのHPには、水割りの美味しい飲み方として「氷をたっぷり入れたグラスにウイスキーを入れ、水を足さずに13回転半かきまぜ、氷を足した後に、天然水をウイスキーの2～2.5倍注いで、3回程度軽くまぜる」とある。

第6話 君の瞳に乾杯

コトッ
あちらのお客様からです
「君の瞳に乾杯」
――と言ったときハンフリー・ボガートが飲んでいたのが この「シャンパン・カクテル」だ
……
…なあにそれ？
失恋女へのあてつけ？
失恋を癒やすのにちょうどいいカクテルがある
マスター「あれ」を…

どうぞ
「マルガリータ」です
…これ知ってる
死んだ恋人の名を付けたカクテルよね
テキーラを一躍有名にしたカクテルだ
テキーラといえば塩とレモン…
レモンをかじり手に乗せた塩を舐めながら飲むのがメキシコ流だが——
この塩は実は代用品であることを知っているか…？
代用品？ なんの？
虫の小便だ
ぶはっ
本来はテキーラの葉につく「グサーノ・ロホ」という虫の尿を乾燥させたものを用いるのだ…
……

…ちなみにテキーラとは
テキーラ郡のある
メキシコのハリスコ州と
その周辺で造られた
ものだけをいい
それ以外の所で造られた
「リュウゼツラン焼酎」は
「メスカル」と呼ぶ
…バーテンさん
マイ・タイくださる？
かしこまりました
…初めてのデートで
彼が私におごって
くれたカクテル…
知ってる？
マイ・タイって
タヒチ語で
「最高」って意味なんだって
そのとき 彼 私に
「最高」の女性に
出会えたと――…
デメララ・ラムの
「151プルーフ」を
フロートすることで
「最高」《マイ・タイ》になる…
……

ちなみに「バカルディ」という名のカクテルはバカルディ社のラムで造らなければならないと1936年4月ニューヨーク最高裁が判決を下した…
……そう…
また同じくラムベースのカクテルで某漫画で有名になった「X・Y・Z」——
「これ以上のものはない」という意味だといわれる
…マスター
同じものをもう1杯
はい
……
…ふう…
大丈夫ですか？
飲みすぎたかしら…ちょっと風邪気味なの
これを飲みたまえ
「ナイトキャップ」
卵黄を使った疲労回復効果のあるカクテルだ

ブランデーベースの「西洋版卵酒」だ 名前のとおり 寝酒に ぴったりのカクテルだ
ふうん…
ブランデーか…
彼 いつも「僕はナポレオンしか飲まない」って…
「ナポレオン」という銘柄のブランデーは存在しない
え!?
「ナポレオン」とは ブランデーの熟成度を表す言葉だ… コニャックの場合2年ものが「スリースター」4年以上で「VSOP」
——そして 6年以上のものを「ナポレオン」とか「XO」と称するのだ
……
もちろん 熟成期間が長いほど値段は上がるが——
「ナポレオン＝いい酒」とは限らないのだよ

カラン
もうダメ…飲みすぎたわ
カクテルって飲みやすいからつい…
カクテルという呼び名が生まれたのは18世紀のアメリカ——
カクテルが広まったのは禁酒法時代 粗悪な密造酒を飲みやすくしたためともいわれる
…しかしなぜCocktail《カクテル》(雄鶏の尾)と呼ぶのか——
様々な説はあるがその由来ははっきりしていない…
…カクテルはもう結構よ
——ねえそろそろ場所を変えない…?
…その前に
もう1杯だけぜひ きみに飲んでもらいたい

「血まみれマリー《ブラッディ・マリー》」
ウォッカとトマトジュースのカクテルね
16世紀 新教徒を迫害したイングランドの女王メアリー1世に由来するカクテルだ
でも どうしてこれを…?
トマトは悪酔い防止にいいのだよ
ではおやすみ…
カラン
……
ガッ
ひくっ

第6話のうんちくを振り返ってみよう

雲竹雄三の教養再確認クイズ

テーマ 君の瞳に乾杯

Q1 「君の瞳に乾杯」といえば、どんなカクテル?

Q2 「VSOP」とは、なんの略か?

Q3 カクテルが生まれたのはいつか?

解答は次のページ

(雲竹雄三の教養再確認クイズ)「君の瞳に乾杯」

〈解答〉

A1 『カサブランカ』で、2人が手にしていたのはシャンパン・カクテル

映画『カサブランカ』は、リック(ハンフリー・ボガート)とイルザ(イングリッド・バーグマン)の悲恋を描いた名作。リックがイルザを見つめて言うセリフが「君の瞳に乾杯」で、このとき2人はシャンパン・カクテルを持っていた。グラスに入れた角砂糖にアンゴスチュラ・ビターを振りかけ、シャンパンで満たすカクテルである。

A2 Very Superior Old Pale

ブランデーとは果実酒から造った蒸留酒。「ナポレオン」が有名だが、これは銘柄のことではない。ブランデーは熟成度によってランク分けされ、たとえばコニャックの場合、蒸留後5年を経たものが「VSOP」(Very Superior Old Pale=非常に・優良で・古い・透き通った)、7年以上のものが「ナポレオン」と表示される。

A3 古代ローマ時代や古代エジプトともいわれる

ワインに海水を混ぜたり、ビールに生姜を入れたりなど、古来より人はアルコールに何かをミックスして飲んできたらしい。冷えたカクテルが作られるようになったのは1876年に製氷機が作られてから。その後、禁酒法時代のアメリカで、粗悪な密造酒を美味しく飲むためにジュースなどを加えるようになり、広まったという。

第7話

酒は百薬の長……か？

カンパーイ！
課長どうぞ！
あ いや
俺はいいよ
あれ？課長飲めませんでしたっけ？
いやそれが…こないだの健康診断でドクターストップかかっちゃって
再検診まで飲めんのよ
1杯くらい大丈夫っスよ！
アルコール消費量と肝硬変死亡率には相関関係があるというデータがある
………
アルコールの過剰摂取は肝細胞に中性脂肪を蓄積させ脂肪肝から肝線《かんせん》維《い》症《しょう》や肝炎を経て肝硬変に至る…
……やっぱりやめとくよ

課長！大丈夫っス！
俺「ウコンパワー」持ってます！
ウコンの有効成分「クルクミン」が肝臓の働きを高めるという触れ込みだがそのままでは体内への吸収率が非常に悪いといわれている…
……
やっぱ牛乳っスよ！
飲む前に牛乳で胃に膜をつくって――
牛乳やバターが胃の粘膜をコーティングするという通説は間違いだ
――だが牛乳やバターが悪酔い防止に有効なのは確かだ それは乳脂肪が胃の蠕動《ぜんどう》運動を抑制しアルコールの吸収を遅らせさらにタンパク質がアルコールの代謝に役立つからだ…
何なんだあのオッサン……!?
夏美ー飲まないの？
ビール太るもん
ワインにする
ビール大瓶1本で250キロカロリー大きめの茶碗1杯のご飯とほぼ同じだ

――しかしアルコールは別名「不毛のカロリー」と呼ばれ すぐ燃焼され脂肪になりにくいともいうビールが太るというのは食欲増進効果と高カロリーのつまみのせいなのだよ…
…何 あの人⁉
誰にしゃべってんの?
…さらにビールの原料である「ホップ」には薄毛を予防する効果があるという説もある
ぴくっ
ホップの花や葉には女性ホルモンと似た働きをする物質が含まれておりこれが薄毛防止や生理不順に効くのではないかという考えだ
ほほう
課長っ
そうかッ
ビールはハゲ予防になるのか!
手遅れじゃないっスかね…
課長 体にいいったらやっぱワインですよー
ポリフェノールたっぷり赤ワイン!

ポリフェノールには高血圧
動脈硬化・アルツハイマー
癌の予防のほか——
糖尿病やＥＤの改善
さらに美肌効果もあるって
テレビで言ってたわ
おおーっ
…確かに1日3〜4杯の
ワインは認知症のリスクを
半減させるというが——
過度の飲酒は
逆に脳細胞の萎縮を
引き起こす…
……
だが酒を断てば
脳は数週間で
回復し始める
ともいう
なーんだ…
…ただし長年にわたる
大量の飲酒が引き起こす
「コルサコフ症候群」で
脳細胞が完全に破壊されると
酒を断っても完治は難しい
ちょっと！
なんなのよ
さっきから!?
アルコールを少量
飲む人間はまったく
飲まない人間より
長生きするという
データはある…
——しかしそれは
「酒が飲める人間」
の場合…だ！

「鍛えれば強くなる」は幻想だ！
酒の強い弱いは先天的に決まっている！
アルコールから生じる「アセトアルデヒド」は「アセトアルデヒド脱水素酵素」によって分解されるがこの酵素にはⅠ型とⅡ型がありⅡ型のほうが速《すみ》やかに働く
ところが日本人の約半数がこのⅡ型の酵素が低活性型…すなわち酒が弱い！
——そして日本人の4％はⅡ型酵素が完全に欠損している…
完全なる下戸《げこ》なのだ!!
こういう人間に酒を無理強《じ》いするのは極めて危険！
半数致死量300mg（体重1kgあたり300mgで実験動物の半数が死ぬ）の有毒物質がいつまでも体内に残ることになる
これは殺人行為に等しい!!

さらに女性は男性よりアルコールの影響を受けやすく依存症や肝硬変になりやすい！
――また女性ホルモンのエストロゲンはアルコールの代謝を遅くするため生理前は酒に弱くなるので注意が必要だ
はっ
いわれてみれば
…とはいえ適量の飲酒が寿命を延ばすといわれるのは事実だ…アルコール量にして1日20～30g
日本酒なら1～1合半ビール大瓶1～1本半ウイスキーならダブルで1～1杯半の量だ
ビール大瓶1本半だって…？俺そんなに飲んでないけどなぁ
肝機能障害の要因は酒だけとは限らない
食生活や環境ストレスや遺伝的要因などいろいろと考えられる…
そうか！

脂肪肝というから てっきり酒のせいと 思っていたが…
そうじゃなかっ たんだな
ぱしっ
すまん… 酒よおまえは 何も悪く なかったのだな…
俺は 飲むぞ!!
ぐーーーっ
おおーーっ
ぷは
……ウーロン茶だ…
ええ!?
原因がなんであれ 肝臓に問題があるときは 酒を飲んでは いけません

第7話のうんちくを振り返ってみよう

雲竹雄三の教養再確認クイズ

テーマ 酒は百薬の長……か？

Q1 悪酔いに効くウコンの有効成分とは何か？

Q2 ビール大瓶1本を飲んだ場合のカロリー摂取量は？

Q3 アルコールに弱い人も、鍛えれば酒に強くなる？

解答は次のページ

〈解答〉

A1 クルクミン。肝臓の働きを高めるとされている

ウコンの主成分であるクルクミンは、肝機能の強化をはじめ、様々な薬効があるといわれる。しかし経口摂取(口から飲食物をとること)による吸収率が低いという問題点が指摘されてきた。そこで近年ではクルクミンの体内吸収率を高める研究が進められ、より効率的に摂取できる製品が生み出されつつある。

A2 約250kcal。ご飯1杯分とほぼ同じ

250kcalは大きめの茶碗1杯のご飯とほぼ同じ。しかしアルコールは「不毛のカロリー」と呼ばれ、すぐに熱として放出されるので脂肪にはなり難いといわれる。太るのは、ビールのカロリーというより、それに伴う食欲増進効果の影響が大。とはいえアルコールは内臓脂肪を増やす作用があるともいわれるので、飲み過ぎは禁物。

A3 「鍛えれば強くなる」は幻想。酒の強さは先天的に決まっている

アルコールから生じるアセトアルデヒドは、「アセトアルデヒド脱水素酵素」によって分解される。この分解が速やかに行われるのが、いわゆる「酒に強い人」。アセトアルデヒド脱水素酵素には、速やかに働くALDH2と、高濃度にならないと働かないALDH1の2種類が存在する。日本人の約半数は、前者が低活性なタイプであり、酒に弱い。

第8話

思い出酒場

……
…それは「杉玉《すぎたま》」または「酒林《さかばやし》」というものだ
酒の神を祭る奈良の「大神《おおみわ》神社」の御神木《ごしんぼく》にちなんだもので
蔵元の「新酒ができた」という挨拶代わりだったり酒屋の目印だったりする
………
ガラッ
らっしゃい!
その縄のれんは言わずと知れた虫除けだが——
虫を入れなくするためのものではない

料理の匂いが染みついた縄に虫を集めておくという趣旨のものなのだ
お二人様で?
カウンターで…
どうぞ
「おしぼり」は日本独自の文化といわれる
古くは『古事記』や『源氏物語』にそれらしきものが登場する
――ちなみに10月29日は「おしぼりの日」だそうだ
そしてこの溝をつけた「元禄箸《げんろくばし》」は明治20年頃奈良で生まれた
その名は溝のある元禄小判に由来するという…
「おてもと」とは「取り箸」に対しての「手もと箸」を丁寧に呼んだものだ

猪口《ちょこ》の底の紺色の蛇《じゃ》の目《め》——
その意味を知っているか？
それは「利猪口《ききちょこ》」といって利き酒をするときに使うものだ
青と白のコントラストから酒の色や濁りや糖度などを判定するのだという…
プロ用の利猪口を「本利猪口」というが
その道の者は「利き酒」を「ききしゅ」と読むのだそうだ
それからこの徳利…使われ始めたのは江戸後期からで
それまでは「ちろり」という容器が使われていた

江戸時代は夏でも燗をつけるのが普通
そのため こうした そのまま燗のできる容器が重宝されたのだ
…ところで世界最古の居酒屋は紀元前18世紀の古代バビロニアで生まれたとされるが
日本で最初の居酒屋を知っているか？
いえ…
享保《きょうほう》年間酒屋の店先で酒の味見をさせたのが始まりで
当時鎌倉河岸と呼ばれたところ※にあった「豊島屋」が元祖といわれている
※現在の千代田区鎌倉橋周辺
豊島屋ではなんと酒を原価で販売していたという
え…？
それじゃ儲からないじゃないですか!?
空いた酒樽を転売して利益を得ていたそうだ
さらに田楽や煮物を格安で出したため大繁盛した
それを真似て周辺の煮売り屋（惣菜屋）が酒を出すようになって居酒屋が一気に増えた

なかには24時間営業の居酒屋もあったともいう現代同様 庶民の憩いの場だったのだ
ちなみに当時の酒は酒税対策のためいまの半分の水で仕込み——
居酒屋で5〜6度に薄めて販売していたそうだ
小西酒造が当時の製法でその原酒を再現したものが「江戸元禄の酒」
旨味・甘味・酸味が現在のものの2〜3倍あり 色も濃い
…それからまったくの余談だが因美《いんび》線鳥取駅に「とっとりの居酒屋」という名の駅弁がある
………
ホントに余談ですね…
これは電車で居酒屋気分が味わえるという…
………
…誰か待っているのかね?
えっ

…ええ… 彼女を——
…いや実は 1年前に別れた んですけど…
そのとき約束したんです 1年後 もしまだ少しでも お互いへの気持ちが 残ってたら——
同じ日 同じ場所で 逢おうって…
…来るわけ 無いっスよね
1年も経って るんだし…
…今日はありがとう ございました
おかげで気が まぎれました
帰るのかね?
ええ どうせ もう——
カラ

…残業
終わんなくって…
…大将 おあいそ
へい おあいそ！
ありがとう ございやしたー！
…「おあいそ」とは本来——
「愛想がなくてすみません」という意味で店側が言う言葉なのだ…

第8話のうんちくを振り返ってみよう

雲竹雄三の教養再確認クイズ

テーマ 思い出酒場

Q1 おしぼりの起源はいつ?

Q2 割り箸のことをなぜ「おてもと」という?

Q3 「おあいそ」の本来の意味は?

解答は次のページ

雲竹雄三の教養再確認クイズ 「思い出酒場」

〈解答〉

A1 『古事記』の時代から存在したという説もある

おしぼりの歴史は古く、『古事記』や『源氏物語』にもそれらしき記述があるという。現代的なサービスとしてのおしぼりの起源には諸説あるが、たとえば旅籠《はたご》屋で手ぬぐいを桶の水に浸してしぼり、訪れた客の手足を拭《ぬぐ》って疲れを癒やしたことが始まりともいう。手ぬぐいをしぼったから「おしぼり」というわけだ。

A2 「手もと箸」にちなんでいるとの説がある

日本料理の盛り鉢に添えられるような「取り箸」に対して、それぞれが手もとで使う箸を「手もと箸」という。この「手もと箸」を丁寧に呼んだ(「省略して呼んだ」の説もある)のが、「おてもと」の由来といわれている。

A3 「愛想がなくてすみません」の意で、店側が使う言葉だった

「おあいそ」とは本来、飲食店で使われていた隠語だった。勘定書などを示しながら「愛想がなくて(=配慮が行き届いていなくて申し訳ありませんでした)」と言っていた。客のほうから言うと、「愛想がない店だからもう清算してくれ」といった意味にもなりかねないが、実際にはもっぱら客が使う言葉になっているようだ。

第9話 やっぱりビール

カンパーイ!
っはーー!
どん
やっぱビールは
生だよなーー!
缶ビールとは
全然違うよなー
ビアホールだと
特に美味しく
感じるよねー
瓶だろうと
缶だろうと…
日本のビールの
99%は生!
………!
あ
うんちく
おじさん!
…「おじさん」は
付けなくていい…
ビアホールの
ビールも
バーのビールも——
ほとんどが
市販のビールと
中身は同じ…!

…失礼
ガタ
………
…おい
おまえらいつ
仲よくなった…?
…なってねー!
えー 同じー?
全然
おいしーよ?
理由は3つある
一つは「工場直送」
ビールは鮮度が命!
ビアホールでは工場直送の
新鮮なビールを最適な
温度で管理している
二つ目は「注ぎ方」
専用サーバーで
熟練した者が注げば
クリーミーな美味しい
泡ができる
そして3つ目は
「雰囲気」!
大勢で楽しんでいるとき
「オレキシン」という
脳内物質が分泌され
これが食欲を増進し
ビールに限らずなんでも
美味しくさせるのだ
……
へーえ

がしゃん
——で「生」ビールって何？
麦芽をビールに変えるのはビール酵母だ この酵母菌を生かしたままにしておくとどんどん発酵が進みビールの中に澱《おり》が溜まる
ふん
ふん
そのため適当なところで加熱殺菌して酵母菌を殺していた
この加熱処理をしていないもの——つまり酵母菌が生きたままのものが「生ビール」だ
えっ!?
酵母菌が生きたままだと長くは持たない…そのため生ビールは工場直営の店でなければ飲めなかった
純生
——ところが1967年サントリーが日本初の家庭向け生ビール「純生」を発売した！
…実はこれにはNASAが大きくかかわっている
NASA!?
…ってあのNASA!?

それまで加熱することでしか取り除くことのできなかった酵母菌——それをNASAが開発したマイクロフィルターによって濾過することが可能になったのだ！
生
おおーっ
——すなわち いまこうしてお手軽に生ビールを飲めるのはNASAのおかげなのだよ…
へー
NASAえらーい！
ぱち
ぱち
ビアホールで飲むうまいビール…
実はこれを簡単に再現できるビールがある！
それはギネスの缶ビール！中に「フローティング・ウィジェット」という微細な穴の開いたカプセルが入っており
フタを開けると圧力変化でカプセル内のビールが穴から噴出する これによりクリーミーな泡を作るのだ

ちなみにこのギネス
イギリスのビールと
思われがちだが
アイルランド・ダブリンの
ビールなので
間違えないように！
はーい
授業かっ
…このギネス同様 世界中で
飲まれているビールに
オランダの「ハイネケン」が
あるが——
ラベルの赤い
☆マーク…
これが——
Heineken
ええー!?
東西冷戦中
〝白い☆〟に
変わっていたのを
知っているか!?
無論これは赤い星が
共産主義を想起
させるからだが——
他にもオランダでは無敵の
バルチック艦隊を撃破した
東郷平八郎の名を冠した
ビールも造られていたりする
※東郷ビールは当初は
フィンランドで造られていた
よっぽど
ロシア嫌い
なのねー
冷戦中の
話だろ
ところで近年までビールの
生産・消費世界一だった
アメリカには——
バドワイザーのような
大手のビール以外にも
小さなブルワリーが造る
様々なビールがある

なかでも変わり種は なんと ホワイトハウスで 造られている…
マジ!?
「オバマビール」!!
これは無類の ビール好きの オバマ大統領が 2011年から 造り始めたもので
ホワイトハウスの敷地内で 獲れる蜂蜜が 味の決め手だという…
へー
それ おいしーの?
…飲んだ ことはない…
…ってゆーか
実は他の ビールも飲んだ ことないんじゃ ねーの?
!
いま飲んでんのも ビールじゃねーだろ
アンタ本当は 飲めないんじゃ ねーの?
………
ガフ

ぐーっ
おおーっ
ダン!
…ごちそうさま
………
なんだ
飲めんじゃん
だいたいよー
飲めない奴が
居酒屋に一人で
来るわけないじゃん
だよねー
……
雲竹雄三――
居酒屋好きだが
1滴も飲めない男…

第9話のうんちくを振り返ってみよう

雲竹雄三の教養再確認クイズ

テーマ やっぱりビール

Q1 ビアホールと市販のビールはどこが違うのか?

Q2 生ビールの「生」とは何か?

Q3 ギネスの缶ビールで生まれる泡の仕組みは?

解答は次のページ

雲竹雄三の教養再確認クイズ 「やっぱりビール」

〈解答〉

A1 ビール自体に違いはない

ブラウマイスターなどの例外はあるものの、ほとんどの場合、ビアホールのビールも、市販のビールも、中身は同じものが使われている。ビアホールで飲むビールが格段に美味しく感じられるのは、熟練された注ぎ方によって作られるきめ細やかな泡や、工場直送ゆえの鮮度のよさから。もちろん、仲間と飲む楽しさも大きい。

A2 「熱殺菌をしていない」の意

かつては、麦芽をビールに変えるビール酵母を生かしたままにしておくと、発酵が進んで澱《おり》が溜まるため、加熱して死滅させていた。しかし、1967年にNASAの開発したマイクロフィルターを使って酵母菌を濾過した家庭向け生ビールが発売されると、状況は一変。現在では市販のビールのほとんどが「生」である。

A3 圧力の変化を利用して カプセルから微泡を生む独自技術

ギネスビールの缶内には、「フローティング・ウィジェット」という表面に微細な穴が開いた空洞のカプセルが入っている。密封された缶内では、炭酸ガスの内圧でその穴に微量のビールが入り込んでいるが、開缶することで内部の圧力が変化すると、カプセル内のビールが外に噴出。このメカニズムにより、白いクリーミーな泡が生まれる。

第10話 肴《さかな》に歴史あり

んー
ホルモンおいしー♥
なんで内臓のこと「ホルモン」て言うか知ってる?
知らなーいなんで?
関西弁で捨てるもののことを「放るモン」て言って
昔は内臓を食べずに捨ててたからなんだよ
へー
…というのは間違って広まった説で——
実は医学用語の「ホルモン」がその名の由来なのだよ
「女性ホルモン」とかのホルモン——?
そうだ
1940年代すでにホルモン料理と呼ばれるものがあり商標登録もされている
へー!
……

わー おいし！
コレ何!?
「桜肉」だよ
桜肉？
馬肉のことだよ
鮮やかな肉の色からそう呼ばれるようになったんだ
ふーん
…というのも間違った説といわれ
本当は江戸時代の流行《はや》り歌からついた異名なのだという…
どんな歌？
こういう謡《うた》だ
〝咲いた桜に なぜ駒つなぐ 駒がいさめば 花が散る 花が散る…〟
この謡が一世を風靡《ふうび》し 桜といえば春駒―― そこから桜肉と呼ぶようになったのだ
へー！
………

ちなみに「牡丹肉」は「獅子に牡丹」の「獅子」を「猪」とかけて言ったのだ
そーなんだー
じゃあじゃあ スルメのこと「アタリメ」ってゆーのはなんで?
スルは「金を擦る」という言葉に通じ縁起が悪い…
それで居酒屋などではスルメを「アタリメ」すり鉢を「あたり鉢」というのだよ
すごーい おじさん物知りーー!
くそっ いまのは俺も知ってた…!
「物知りおじさん」て呼んだげるー
「ミスター・ナレッジ」と呼んでくれ…
じゃあじゃあ コレは!?
ねぎまの「ま」って何!?
…もともとは葱《ねぎ》と鮪《まぐろ》で「ねぎま」だったのだ
焼き鳥のねぎまも見た目が似ているため同じ名で呼ばれるようになったのだ …ちなみに関西では「鳥葱《とりねぎ》」と呼ぶ
へえぇーー!
……

「ししゃも」――アイヌ語で〝柳の葉〟を指す「シュシュハム」という言葉が語源
そのため漢字では「柳葉魚」と書く
「鰻」――天然の鰻は胸が黄色い
「胸黄《むなぎ》」――これが転じて「うなぎ」になった
「明太子」――韓国語でスケソウダラを「明太《ミョンテ》」釜山の方言で「メンテ」といい
その子どもなので「明太子」となった
「イクラ」――語源はロシア語
魚卵を指す「ikra」という言葉がそのまま定着した
「竜田揚げ」
これは旧日本海軍の軽巡洋艦「龍田《たつた》」で初めて作られたことがその名の由来だ
「おでん」――江戸時代煮込んだこんにゃくを「煮込み田楽《でんがく》」といい
田楽に「お」をつけ「お田」と呼ばれた

すごーい
超物知りー！
ぱちぱち
尊敬しちゃうー♥
他には？
他には？
日本3大珍味の一つ
ボラの卵巣の塩漬け
「カラスミ」は
形が中国(唐)の墨に
似ていることから
その名がついた
鰹の内臓の塩辛「酒盗《しゅとう》」…
土佐藩藩主・山内豊資《やまうちとよすけ》が
これを食べてこう言った
「酒がいくらでも飲める
酒を盗みおった
酒盗と言うがよい」
そして酒の
つまみの定番
「枝豆」…
なかでも山形は
庄内《しょうない》地方の
「だだちゃ豆」は
枝豆の最高峰と
言っていいだろう
「だだちゃ」とは庄内の
方言で「お父さん」のこと
枝豆好きの殿様が
この豆を気に入り
「どこのお父さん《だだちゃ》の豆か」
と聞いた

それで「だだちゃ豆」と呼ばれるようになったんだそうだ
へーえ!
まだまだあるぞ…!
もともと漢方薬であったものを調合して作ったのが「七味」!
もとは薬であったため「薬味」というのだ!
タラバガニはカニではなくヤドカリの仲間だ!
ヤツメウナギもヌタウナギも鰻の仲間ではない!

鰹は「堅魚《かつうお》」という名が変じたもので…
もしもしー？えーマジでー？
行く行く！場所どこー？
ゴメーン呼ばれちゃったー
六本木でコンパやってるんだってー♪
カラカラ
パタン！
……
…肴とは「酒の菜《な》」のことで
海の「魚」のことではないのだよ…
…へぇ…

第10話のうんちくを振り返ってみよう

雲竹雄三の教養再確認クイズ

テーマ 肴に歴史あり

Q1 馬肉のことを「桜肉」と呼ぶのはなぜか?

Q2 「竜田揚げ」の名前の由来は?

Q3 「酒の肴」というが「さかな」とはどういう意味?

解答は次のページ

雲竹雄三の教養再確認クイズ 「肴に歴史あり」

〈解答〉

A1 江戸時代の流《は》行《や》り歌で、桜と馬がセットになっていたから

猪の肉を「牡丹」、鹿の肉を「紅葉《もみじ》」と呼ぶように、獣肉は植物系の別称を持つことがある。江戸時代、桜と馬をセットにした童歌が流行ったことから、馬の肉は「桜」と呼ばれるようになったという。ただし、他に「桜の咲く頃が美味しいから」「千葉の佐倉が馬の飼育地だった」や、漫画の隣客が言った「馬肉が桜色だから」などの説もあるようだ。

A2 旧日本海軍の軍艦「龍田」で作られた料理だったから

下味をつけた鶏肉などを片栗粉のみで揚げる竜田揚げ。旧日本海軍の軽巡洋艦「龍田」の司厨長が、不足がちの小麦粉の代わりに片栗粉を用いて唐揚げを揚げたことから、海軍に広まったとされる。他に、その色合いが竜田川の紅葉に似ているから、との説もある。

A3 海の魚ではなく、酒の「菜《な》」(おかず) という意

ご飯や酒に添えて食べる副食を「菜」といい、酒に添える菜だから「酒菜」。魚に限らず、肉や野菜や塩や味噌も「さかな」と呼ばれ、『古事記』にも記述がある。本来「いを」「うお」と読んでいた魚が「さかな」になったのは、肴に魚が多かったからともいわれる。

第11話 名物に旨きものあり

——うまい！
へぇー
フグっていや鍋か刺身って思ってたけど
うまいね唐揚げ！
知ってっか？下関《しものせき》あたりじゃフグのこと「フク」ってんだ
幸福の「福」にかけてるらしいぜ
…いまでは普通に食べられるフグだが
百数十年前までは禁止されていたことを知っているか…？
フグ食による死者が後を絶たなかったことから秀吉がこれを禁じ
伊藤博文が解禁するまで御法度《ごはっと》だったのだ…
えっ
…そーなの？
あー…うんそうそう！

いやー——
あの頃はフグが食えなくってつらかったなー——
…まだ生まれてないでしょその頃！
——へい鰹のたたきお待ち！
380
450円
390円
鰹もまた食中毒を多く出したことで生食を禁止された
それで火で表面を炙《あぶ》って「生ではない」と言い張ったのが「鰹のたたき」の始まりという説がある
※1両の価値は約5～15万円（時期によって変動する）
そーなの？
そ…そうそう！
炙ってっから生じゃない！
鰹といえば「初鰹」…江戸時代初鰹は寿命を750日延ばす縁起物としてありがたがられた
その争奪戦は熾烈《しれつ》を極め一尾3両の値※がつくこともあったという…

また南薩摩では珍味 鰹の心臓をその形から「ちんこ」というが——
高知では「ちちこ」(乳首)と呼ぶそうだ
そーなの?
そう そう
へい お待ち!
熊本名物 馬刺し!
なんで馬刺しが熊本の名物なの?
えッ それはつまり…
——それは加藤清正が虎退治の際 山中で食べるものがなくなり
馬を食べたのが始まりだといわれている…
そう そう!
それから同じく熊本名物「辛子蓮根《からしれんこん》」
熊本藩初代藩主細川忠利《ほそかわただとし》のために薬膳料理として作られたもので
その切り口が細川家の家紋に似ていることからその製法は明治になるまで門外不出であった

そうそうそう！
俺もそれまで知らなかったもんな！
…あんたいくつだよ？
んんうまい！
やっぱ鮭はハラスだなー！
…確かにハラスは最も脂の乗った部位
しかし「塩引き鮭」で有名な越後《えちご》村上《むらかみ》で最も珍重されるのは「一のひれ」——つまり胸ビレのついた部位この「一のひれ」は家長と神様以外食べることが許されないのだ！
——また村上では「切腹」に通じることから腹を一文字に裂くことを嫌い
「二段開き」にするのだそうだ
「腹切り」を嫌うのは江戸も同じで
関西では腹開きにする鰻を関東では背開きにする

…ちなみに鰻の旬は夏と思われがちだが――
脂が乗っていちばんうまくなるのは冬なのだよ
そーそー!
鰻はやっぱ冬だよなー!
……
へい お待ち
いまが旬の「関《せき》アジ」の刺身!
関アジ・関サバに旬はない
なぜなら一年中 脂の乗りが大きく変わらないからだ
ついでにこの関アジ・関サバは日本の水産品商標登録第1号なのだ
そそそ…
そーそー! 1号だよ1号!
もーいいって
「さつま揚げ」――関東や東北ではそう呼ぶが
地元薩摩では「つけあげ」という

「海の宝石」ともいわれる「桜えび」――
駿河湾《するが》だけでしか獲れない!
「汐雲丹《しおうに》」――江戸時代米の代わりにこの汐雲丹で年貢を納めることが許されていた
なんと360gで米1俵分である
…そして室町時代から作られ始めたという「くさや」! もともとは魚を濃い塩水に漬けるだけだったが塩が貴重だったため
同じ塩水をずっと使い続けた結果あのような強烈な臭気を放つ物体になったのだ…!!
…じゃあ最初の頃のくさやは臭くなかったんですね?
しかし漬け汁は古いほどよいとされる
――そもそも臭くないくさやはくさやではない…
そーそー臭いから「くさや」!
俺が名付けたんだ!
嘘つけ!

――それから昭和初期に一度絶滅し近年復元させることに成功した「天草大王《あまくさだいおう》」
この鶏の大きさはなんと普通の鶏の10倍もある!!
えええ!?
そそそ…
そーそーそー! こんなでっかいんだ!!
ほ…本当ですか!?
嘘だ
!
…実際は2倍くらいだ
いずれは天草の特産品になるかもしれん…
そ…
そーなんだ 2倍2倍! 天草の名物になるんだよ!
…ホント いい加減だな

第11話のうんちくを振り返ってみよう

雲竹雄三の教養再確認クイズ

テーマ 名物に旨きものあり

Q1

長く禁止されていたフグ食を解禁したのは誰か?

Q2

新潟県の村上で、鮭が二段開きにされるのはなぜ?

Q3

桜えびが獲れるのはどこか?

解答は次のページ

(雲竹雄三の教養再確認クイズ)「名物に旨きものあり」

〈解答〉

A1 初代総理大臣の伊藤博文。明治21年に解禁した

フグにはテトロドトキシンという猛毒がある。フグ食は江戸時代を通して禁じられていたが、密《ひそ》かに食べて死ぬ者が後を絶たなかった。だが明治21年、伊藤博文が下関の料亭で食べたフグ料理に感動、山口県知事に働きかけて解禁した。料亭がフグを出したのは、時化《しけ》でよい魚を入手できなかったための苦肉の策だったという。

A2 切腹に通じるので、腹を一文字に裂かないようにしている

鮭は川で産卵し、孵化した稚魚は海で成長する。江戸時代、その習性に気づいた村上藩では三《み》面川《おもてがわ》の改修を行い、世界初の「鮭の天然繁殖システム」を実現させた。村上藩は鮭漁で潤い、「村上にとって大切な鮭を切腹させてはならぬ」として、鮭の腹は一部を残した二段開きにするようになった。

A3 桜えびが獲れるのは、日本では駿河《するが》湾だけ

透き通ったピンク色が美しい桜えび。世界的に見ても希少な生物で、日本での生息地は駿河湾、相模湾、東京湾。そのうち漁獲が行われるのは駿河湾だけだ。ただし、海外では台湾近海で桜えび漁が行われている。

第12話
居酒屋の秘密

うっわ…
並んでんな――
土曜日だもんね
どーする？
ここがいちばん安いのよー
15分以上は待ちたくねーな
こういうときは――
「リトルの公式」を使うのだ！
うわあッ　また　おまえかよ!?
うんちくおじさんだー
…"おまえ"は失礼だぞ
待ち時間＝
（自分の前に並んでいる人数）
（1分間に後ろに並んだ人数）
［分］
その公式とはこれだ！

——つまりこの場合 前にいるのが6人 後ろに並んだのが 1人(私)だから
待ち時間は 6分となる
……ホントかよ!?
まあ待って みようぜ
6分21秒後——
・・・5名様お待たせ しましたー!
………
すごーい ホントに 6分だったー!
偶然だ偶然※!
…いつの間に 5名に…?
………
※偶然です
「お通し」…「突き出し」 ともいうが——
これには「注文を確かに お通ししました」という 意味があるといわれる

これは断ることも支払いを拒否することもできるが　席料代わりという側面があるのでその場合　席料を別に請求されたり退店を要求されることもあり得る
何よりうまい酒を飲みたいならそういう不粋なことはしないほうがいい
しねーよ誰も…！
…おい
伊東っなんとかしろ！
俺に振るな！
また　最近割り箸から塗り箸に切り替える店が増えているが――
これは2006年頃から始まった中国の輸出規制で割り箸の価格が上がったことによる…
その中国といえばよく「パクリ」問題が取り沙汰されるが――
それは居酒屋も同じ「白木屋」「和民《わたみ》」「笑笑《わらわら》」といったおなじみの名が中国でもよく見られる…
WATA
笑笑
白木

これらは中国で働く日本人サラリーマンを狙ったもので
和風居酒屋
白木屋
偽物とわかっていても郷愁に駆られてつい立ち寄ってしまうのだ
中国展開を狙う大手チェーンはいまこうしたパクリ店をしらみ潰しに摘発しているので 徐々に減ってはいくだろう
STAR F●CKSって知ってるー?
…やめろ!!
偽物といえば——
このなかに3つ偽物の食品がある…
わかるか?
…え? 偽物!?
ご法度となったレバ刺しに代わり
味も食感もそっくりなマンナンレバー
シシャモの代用品「カペリン」
本物は産地北海道以外では めったにお目にかかれない
そして シメジとして売られているものの大半はブナシメジやヒラタケで
本物のホンシメジは高級食材だ

——その味は絶品で「香り松茸味シメジ」とはこのホンシメジのことなのだ
ふーん
また 偽物ではないが安い数の子は輸入したバラバラの数の子を洗って機械で数の子形に形成したもので
回転寿司などで使われることもある
こうしたフェイク食品が居酒屋の低価格維持に一役買っているのだ
安くて美味しけりゃなんでもいーー!
回ってきたな…
トイレどっち?
あっち
…居酒屋ではトイレを隠語で「4番」という
それは4番テーブルが存在しない店が多いからだ

それ以外にも店によって「10番」「事務所」「点検」などともいう
「点検」行ってきまーす
勝手に行け!
居酒屋の隠語は他にもいろいろある
山……売り切れの品
川……おすすめの品
兄貴……先に仕入れた食材または料理
弟……後に仕入れた食材または料理
ドンピシャ……客単価が高そうな客
「広い席に御案内」……他の客からクレームが来そうな客だから遠くの席へ
俺ら絶対「ドンピシャ」じゃないな
ゴキブリを「太郎」と呼ぶのはもはや知られすぎて隠語ではないな
でもとっさに「太郎」って出てこないと思うな——
ギャー
ゴキブリゴキブリ!!
太郎だッ
——またこの店のように料金均一の場合
「何がいちばん得か」と考える者もいるだろう…
原価率でいうとカクテルやサワー類は3~10%店にはありがたいメニューだ
これに対し生ビールは原価率30~50%で儲けが少ない…が

飲みたくもないものを
注文してまで店に
損をさせることに
なんの意味がある！
そんな
いじましいことを考えず
自分の心の欲するままに
頼めばいいのだ!!
だよねー！
やっぱ原価より
アルコール度数
だよねー♥
おじさん何にする!?
ジン・ライム？
ニコラシカ？
ロックにする？
やっぱ焼酎かな——
あッ泡盛があるよー！
やっぱ
飲めないいん
だな…
…いや 私は
ウーロン…
彼女の仇名《あだな》は
「うわばみ」である

第12話のうんちくを振り返ってみよう

雲竹雄三の教養再確認クイズ

テーマ 居酒屋の秘密

Q1 注文した品ができる前に出てくる料理をなぜ「お通し」という?

Q2 日本で流通しているシシャモの代用魚は何か?

Q3 「リトルの公式」とはどういうものか?

解答は次のページ

雲竹雄三の教養再確認クイズ 「居酒屋の秘密」

〈解答〉

A1 お客の注文を「確かに通しました」という意味がある

「お通し」は、客の注文した品ができあがるまでの、とりあえずの酒の肴。仲居さんを経由して、客の注文を受けた料理人が、受諾の意味を込めて最初に出す料理で、広辞苑にも「注文の品を帳場に通したしるしの意」とある。関西では「突き出し」と呼ぶところもあるが、これは客に頼まれる前に突き出す料理だからだという。

A2 カペリン。またの名をカラフトシシャモ

シシャモは北海道の太平洋沿岸に生息する日本の固有種である。1970年代にシシャモの漁獲量が減少した頃から、カペリン（カラフトシシャモ）が代用魚として全国に流通するようになった。漁獲量が圧倒的に多いため、いまやシシャモといえばカペリンという事態になっているが、シシャモとはまったく別の魚で、味もかなり違う。

A3 行列の待ち時間を推測できる法則のこと

アメリカのジョン・リトル教授が提唱した公式で、「自分が最後尾に並んだとき前にいる人数」÷「自分が最後尾に並んでから1分間に後ろに並んだ人数」で、概算の待ち時間が求められるというもの。ただしこの式は、時間経過で列の長さが変わるような場合（後ろに並ぶ人数が減ってしまうなど）には適用できない。

第13話
ところ変われば飲み方変わる

きっくのはなー
きっくのはなー
あ
大当たりー!
それじゃー開けた杯に酒をなみなみと――
うわっ まじっスか⁉
ぐいっ
いよっ いい飲みっぷり!
あーあ…また始まったよ 土佐名物「菊の花」
なんスか あれ⁉
伏せた杯の一つに刺身の飾りの花を入れて順番に開けていくんだ
当たった奴は それまでに開けた杯の分 飲まされる

それって「アルハラ」※じゃないですか⁉
しっ
社長高知出身だからさ——
よーし杯を増やすぞ!
おいっ きみたちも入りなさい!
いやっ僕たちは…
〝おきゃく〟に「菊の花」はつきものなんじゃ!
〝おきゃく〟……?
※アルコール・ハラスメント
〝おきゃく〟とは土佐弁で宴会のこと…
鹿児島にも「ナンコ」という似たような遊びがあるが——
他人に酒を強要するのは下司《げす》なうえに危険極まりない…
なんだと⁉
社長っ
菊の花やりましょう 菊の花!
よーし!
今日は無礼講で行くぞーー!

「無礼講」とは後醍醐天皇が鎌倉幕府打倒のため催した酒宴に由来する名で——
身分の上下を問わずくつろいだ格好で乱痴気《らんちき》騒ぎをしながら密かに倒幕計画を話し合ったという
ちなみに上役が「無礼講」だと言って本当に無礼講だったためしはない…
おいっ
なんだおまえは!?失礼な奴だな!
礼やマナーは国によって異なる…
…たとえば欧米では酌は男がするもの
女性がするのはマナー違反!
中国では目上の人に酌をするのも されるのもタブー必ず給仕に頼むこと!
また 食事を全部食べるのは「もてなしが不充分」という意思表示となるので少し残すのがマナー

儒学を重んじる韓国では目上の人より先に杯に口をつけることは許されない
飲むときは顔を背け手で口元を隠して飲むのが鉄則だ！
それがどうした
ここは日本だ！
ならば日本人として
「三三九度」の起源は知っているだろうな!?
現在は結婚の儀として行われる「三三九度」は
もともとは出陣式で全軍の士気を高めるため
3段に重ねた盃に3回に分けて酒を注ぎ飲み干したのが始まりだ
「忘年会」の起源を知っているか!?
貴族や上級武士が一晩中連歌を詠んだ「としわすれ」という行事がその始まりといわれている！

「水いらず」の語源を知っているか!?
それは一つの杯で酒を酌み交わすとき水を満たした「杯洗《はいせん》」で杯を洗うのだが——
身内であれば「杯洗」は不要…つまり「水いらず」!
へぇー
そーだったんだ!
そんなのわしだって知ってるぞ!
「酒の締めにはラーメン」だ!
…は?
ロンドンでは酒の締めは「ケバブ」が定番らしい!
へーっ
また中国の紹興では女の子が生まれると高級な紹興酒の壺を二つ土に埋め——
その子が嫁ぐ日に一つを嫁入り道具に一つを婚礼の振る舞い酒にするのだという
5~10年寝かせたものを老酒(ラオチュー)とよぶ

泡盛も3年以上寝かせると「古酒《くーす》」となるが貴重な古酒を減らさずに飲む「仕次ぎ」という習慣を知っているか？
とっておきの10年ものの古酒を飲んだら減った分を9年の古酒の瓶《かめ》から補充する
7年
9年
10年
9年の瓶には8年から8年には7年…と順次補充し最後の瓶に新酒を足す
わしだってわしだって知ってるぞ！「ワインと辛子明太子は合わない」！
……
欧米の高級レストランでよいワインを飲んだときは少し残すのがマナー
それは その店のソムリエがそれを飲んで勉強できるように という配慮なのだ
アンデスではトウモロコシで造る「チチャ」という醸造酒が飲まれているが
まず最初に酒を少し地面にこぼし 大地の神「パチャママ」に捧げてから飲むのが習わしだ
——ちなみにこの「チチャ」の造り方は少し変わっていて…

石臼《いしうす》で挽いたトウモロコシを——
村の婆さんたちが口に入れ唾液と混ぜ合わせた後吐き出して壺で発酵させるのだ……!!
だーッ
※別に婆さんと限っているわけではない
…酒の飲み方も習慣も国により土地により変わる
しかし一つだけ確かなことがあるそれは…
おえ
自分の飲み方を他人に押しつけるのは
最悪のマナー違反だ!!
…酒は楽しく飲むもの
楽しくないなら飲まんほうがよろしい…
あざーす!
ふんっ
雲竹雄三——酒は飲めないが飲み方にはうるさい男…

第13話のうんちくを振り返ってみよう

雲竹雄三の教養再確認クイズ

テーマ ところ変われば飲み方変わる

Q1 鹿児島の酒宴で行われるゲームを何という?

Q2 「無礼講」の由来は何か?

Q3 「水いらず」の本来の意味は?

解答は次のページ

〈解答〉

A1 ナンコ。焼酎を飲みながら行われる

ナンコとはこんな遊びだ。①3本の短い棒を後ろ手に持った2人が、向き合って座る。②片手の拳に、何本かの棒を隠して突き出す。③双方が、2人合わせた棒の数を言う。④負けたら焼酎を飲む。酔いが進むと勘が鈍り、ますます負ける。

A2 鎌倉時代、後醍醐天皇が倒幕の密談をした酒宴から

「無礼講」は後醍醐天皇が鎌倉幕府の打倒を計画し、それを話し合った酒宴に由来するという。密議に気づかれぬよう、身分の上下なく、くつろいだ格好で酒を酌み交わし、歌い、騒ぐ宴会としたため「無礼講」と呼ばれた。本来、公家の宴席では座る場所やしきたりが厳しく決められていたから、これは常識外れの宴会だったのだ。

A3 酒を酌み交わす際、水で杯を洗う必要のない間柄のこと

本来、宴席で酒を酌み交わすときには、水を入れた杯洗で杯を洗ってから相手に渡すのがマナーだった。だが、身内や親しい間柄では「水で洗う必要がない」。これが「水いらず」の語源といわれる。また「水くさい」も「親密な間柄なのに杯を水で洗い続けたのでは水くさい」が語源との説もある。

第14話 猫にマタタビ人に酒

おめでとーっ
すげぇなーついに一戸建てかぁ!
やったな!
30代でマイホームなんてよー!
不便でしょーがないけどなー
片道2時間だぜ!
「酒屋へ三里 豆腐屋へ二里」
※生活に不便なことのたとえ
……
…けど信じらんねーよな
同じ給料もらっててなんでだ!?
そりゃ毎日飲み歩いてりゃそーだろ!
「紅灯緑酒《こうとうりょくしゅ》」(歓楽と飽食に浸る生活のこと)
おまえも酒やめりゃ家くらい買えんじゃねーの?
「下戸《げこ》の建てたる倉もなし」

そーそー
酒やめたくらいで倉なんか建つかよ!
「上戸《じょうご》の潰した倉はある」
………
…けどおまえマジで少し控えたほうがいいって
こないだの検診あんまよくなかったんだろ?
「酒は猶兵《なおへい》のごとし」
「酒は百薬の長」ってゆーだろ?
酒やめてストレス溜めたらよけい体に悪い!
「ビール1本と塩漬けキャベツは医者から金貨を奪う」(ドイツのことわざ)
………

…なんかアイツ 妙に会話に 入ってくるな…
何者だ!?
知らねーよ
……どーする?
どーするっ たって…
ほっとけ!
無視 無視!
…ここだけの話だけど 中澤部長 不倫してる らしーぜ!
「酒が入ると 秘密が出ていく」 (タルムード※)
あのコだろ? ホラ経理の…
マジ!? もしかして忘年会 のときか!?
だいぶ酔ってた からな――
「酒に罪はない 泥酔する者に罪がある」 (ベンジャミン・フランクリン)
中澤部長 普段は すげーまじめなのに
酒入ると人が 変わっちゃうからな…
「酒飲み本性忘れず」

※ユダヤの格言集

う…
……
うぜェ〜〜〜!!!
…ダメだ気になる!
よし!
俺に任せろ!
——なァこんなことわざ知ってるか?
「新しい酒は新しい革袋に盛れ」(新約聖書)
何それ?
どーゆー意味?
「新しい考えや表現はそれにふさわしい新しい方法・手段を用いるべき」って意味だよ!
ふーん…
——でそれが?
えッ…
「酒盛って尻切られる」(好意が仇になること)
うるさい!

なんなんだ アンタ さっきから
「酒は天の美禄」
知っているか？ かのボードレールはこう言った
「酒は人間そのものに 他ならない」…
それがどうした！
「酒は先に友となり のちに敵となる」！
「ワインは神も人も 元気にする」（旧約聖書・士師記）
「海よりグラスの中で 溺れる者が多い」！（ラトビアのことわざ）
「酒は憂いの玉箒《たまははき》」（玉箒…蚕室《さんしつ》を掃くほうき）
「人酒を飲む 酒酒を飲む 酒人を飲む」！（酒はほどほどに）
「30歳までは女が温めてくれる 30歳からは1杯の酒が温めて くれる」（スペインのことわざ）
どーしたんだ アイツ!?
T大文学部の意地だな

「酔生夢死《すいせいむし》」！（一生を無為に過ごすこと）
「酔いどれケガせず」（フラフラ歩く酔っ払いが大ケガしないように無心のときは大きな失敗をしない）
「ワインと称して酢を売る」！（羊頭《ようとう》狗肉《くにく》）
「良酒に看板は不要」！
「無明《むみょう》の酒に酔う」（煩悩《ぼんのう》にとらわれて悟ることができない）
「上戸めでたや丸裸」！（放蕩《ほうとう》三昧していては家など建てられない）
「ワインがあれば不死身」（ミドラシュ・ラビの必携書）
「酢しか飲まない者はもっとおいしい飲み物があることを知らない」（タルムード）
………

がく
…俺の負けだ！
何で!?
…最後に
妻の死後 酒に溺れた哀しき歌人の歌を贈ろう…
「験《しるし》なき物を思はずは一坏《ひとつき》の濁れる酒を飲むべくあるらし」
(くよくよしないで酒でも飲んで憂いなど忘れたほうがいいらしい)
――大伴旅人《おおとものたびと》
いい歌だ…
……そうか？

第14話のうんちくを振り返ってみよう

雲竹雄三の教養再確認クイズ

テーマ 猫にマタタビ 人に酒

Q1 「酒屋へ三里豆腐屋へ二里」の意味は?

Q2 「酒盛って尻切られる」の意味は?

Q3 「上戸めでたや丸裸」の意味は?

Q4 「験《しるし》なき物を思はずは一坏《ひとつき》の濁れる酒を飲むべくあるらし」の意味は?

解答は次のページ

雲竹雄三の教養再確認クイズ 「猫にマタタビ人に酒」

〈解答〉

A1

酒や豆腐といった日用品を買うのにも、かなり遠くへと行かなければならない、生活に不便な土地のたとえ。ちなみに一里は約4㎞。

A2

酒を振る舞ってあげた人に、かえって乱暴されてしまう。好意を尽くした相手から損害を受けることのたとえ。

A3

酒飲みは、酒を大量に飲んでいい気持ちになっているうちに財産を飲み尽くしてしまう。放蕩《ほうとう》三昧では家など建てられないということ。

A4

仕方のないことでくよくよせず、酒でも飲んで憂さを晴らしたほうがいい。万葉集に収録されたの大伴旅人《おおとものたびと》歌。

第15話

信じるか、信じないか

つまり…そのUFOはナチスが開発した秘密兵器だったワケ！
やっぱりー！俺もそうだと思ってた！
じゃやっぱヒトラーは宇宙人と通じてたんだな！
ヒトラー自身が宇宙人だって説もあるし
マジ!?
嘘です
…シャンパンの生みの親「ドン・ペリニョン」の伝説を知っているか…？
盲目の修道士ドン・ペリニョンはブドウの実の味で
その採れた畑を言い当てることができたという…
………

その人…宇宙人？
えッ!?
いや…
わかった！超能力者だ！
…いや…
盲目ゆえに他の感覚が非常に鋭敏になったのではないかと…
そんだけ？
なーんだ
——そうそう この話 知ってるか？聖書のなかにもUFOのことが書いてあるって！
旧約聖書にはノアが泥酔して醜態をさらす場面があるが
飲酒を禁じているイスラム教の経典《きょうてん》では そのシーンはカットされている…
えッ 何それ!?
それって シオニストの陰謀？
えっ
いや……
ちげーよ フリーメイソンに決まってるだろ！
あそーか
…違う！

…かのサルヴァドール・ダリは パリの高級レストランに ペットの黒豹をつれて現れ 「シャトー・シュヴァル・ブラン」を 口移しで豹に飲ませた
すると豹は酔って寝てしまい それを見てダリはこう言った 「白馬《シュヴァル・ブラン》が私の黒豹を倒した！」
「シャトー・シュヴァル・ブラン」 サンテミリオンの銘醸ワイン
ダリ！ ダリって 「シオン修道会」 の──
総長だよな!?
「ドシエ・スクレ」 に名前あった よなー！
…ちなみにこの ワインの名はいつも 白馬に乗っていた アンリ4世に ちなんで…
ヴィクトル・ユゴー とかー
ダ・ヴィンチ がー
あとニュートン！
…横山大観は晩年 「酔心《すいしん》」という大吟醸を こよなく愛し1日平均2升と 3合も飲んでいたという
晩年 食事が 喉を通らなくなると 鼻からチューブを通して 酒3合を流し込んだと いう話が伝わっている…
大吟醸 酔心

タイカンて誰？
坊さんじゃね？
あーぽいねー
…日本画家だ
…傍若無人な酒の神デュオニュソスは憂さ晴らしに
通りかかった少女を自分の豹に襲わせようとした
それに気づいた月の神アルテミスは少女を守るためその体を白い水晶に変えた
われに返ったデュオニュソスは深く反省し少女の体にブドウ酒をかけてやった――すると石はたちまち紫色になった…
その少女の名が「アメシスト」――
そのため紫水晶《アメシスト》は酒に強くなるお守りとされてきたのだ
あーパワーストーン系の話⁉
俺らそーゆーの信じないし
子どもだましだよなー！
……
…デュオニュソスの騒乱を伴う儀式を禁止したテーバイ王ペンテウスはその信徒たちに八つ裂きにされたという…
クリスタル・スカルなら別だけどな
だってあれは宇宙人が――

――昔 ドイツのバーデンで美しい姫が身分違いの男に恋をした… 激怒した王は男を追放し傷心の姫は城を出てダーゼンシュタインに移り住む
「ヘックス フォン・ダーゼンシュタイン・シュペートブルグンダーQbA」1本に1体魔女の人形が付いている
姫は小屋の周りにブドウの木を植えやがて年老いて魔女になった…そのためこの地方では「近くに魔女が居るから1杯多く飲みなさい」とワインを勧める
魔女っていや昨年の魔女集会でさ
魔女集会!? 何それ!?
知らねーの!?
…エールビールの起源はケルト神話の鍛冶神ゴブニュが作った不老不死の薬「エール」であるといわれ…
男の「魔女」もいんだぜ
魔女狩りってさ――
「魔男」じゃないの?
「カクテル」という名前の起源には諸説ある… 18世紀のアメリカの田舎町で某ホテルの主人が「逃げた軍鶏《しゃも》を見つけた者に娘をやる」と言い出した
若い軍人がその軍鶏を見つけめでたく娘と結ばれたその結婚式でいろいろな酒を混ぜたものが評判になり軍鶏の美しい尾にちなんで「鶏の尾《カクテル》」と名付けたという…

他にもニューオーリンズの薬局でビターとコニャックを「コクティエ」（仏語でエッグスタンド）で混ぜて売っていたためそれを「コクティエ」と呼び それが変じて「カクテル」になったという説も…
あのUFO映像さー
CGだろアレ
最近多いよなー
すぐわかるっての
バレバレだよな
……
アメリカのエリア51でさ〜〜
だよなー
…酒豪といえば土佐…
江戸時代山内《やまうち》一豊《かつとよ》が土佐にお国入りしたとき――
居並ぶ家臣たちに
1升飲める者は前へ出ろ
し――ん
…と言ったが誰も前に出ない
そこではたと気づいた一豊が――
2升飲める者は前へ出ろ
と言うと全員前へ出たという
どどっ
だからアメリカ政府がさー
やっぱそれってフリーメイソンの
決まってんだろ
……
…ナチスは居酒屋で生まれたと知っているか？
ナチスっ!?

あのナチスが居酒屋で⁉
マジっすかその話⁉
…ナチスだけではない
ドイツ農民戦争やフランス革命も居酒屋から始まったのだよ…！
カラカラ
パタン
…あッ
思い出した！
酒を飲んでると突然現れてウンチクを言いたいだけ言って去っていくという…
都市伝説「居酒屋うんちく男」…‼
…ブログに書かなきゃ！

第15話のうんちくを振り返ってみよう

雲竹雄三の教養再確認クイズ

テーマ 信じるか、信じないか

Q1 シャンパンの生みの親は誰か?

Q2 日本画家の巨匠・横山大観が愛した日本酒は何か?

Q3 酒に強くなるとされていた宝石は何か?

解答は次のページ

雲竹雄三の教養再確認クイズ「信じるか、信じないか」

〈解答〉

A1 盲目の修道士、ドン・ペリニョン

ドン・ペリニョンは、17世紀のフランスの修道士。盲目の身ながら、優れたワインの生産者でもあった。ブドウの実の味で、それが採れた畑を言い当てることもできたという。やがてシャンパーニュの修道院で、ワインの中に生じた泡を発見し、シャンパンを開発する。

A2 広島の酒「醉心《すいしん》」。毎日2升は飲んでいたという

近代日本画の最高峰ともいわれる横山大観は、広島の「醉心」という日本酒をこよなく愛していた。日に1升2升飲むのは当たり前、晩年、病に倒れ食事が喉を通らなくなる状態になってさえ、鼻からチューブを通して3合の酒を流し込んだといわれている（それによって体調を回復し、翌週にはお粥が食べられたとの説も）。

A3 アメシスト（紫水晶）。その由縁はギリシャ神話から

酒の神デュオニュソスが、憂さ晴らしのため豹に少女を襲わせようとした。少女の名はアメシスト。それに気づいた月の女神アルテミスは、彼女の体を白い水晶に変える。デュオニュソスは反省し、石化した少女にブドウ酒をかけると、たちまち紫色に染まったという。ここから、「紫水晶のグラスで酒を飲むと醉わない」ともいわれる。

第16話
世界でいちばん

世界一安くて旨い店
へいお待ち！
世界一安くてうまいモツ焼き一丁！
世界
言い切るねー
わははは言ったモン勝ちよ！
…世界一安い酒は定かではない…
——だが世界一高い酒となればその筆頭は「ロマネ・コンティ」！
ロマネ・コンティがなぜそれほど高額かといえばそれは〝絶対数〟の少なさ！
シャトー・ラフィットが年2万ケース以上出るのに対し
ロマネ・コンティの生産量はわずか6千本…！
ROMANÉE CONT

ラフィットの畑が94haあるのに対しロマネ・コンティの畑は1・8haしかないしかも――
一つの実に成分を集中させるため1本の木に実を4～6房しかつけさせず木1本あたりから造れるワインはたった3分の1瓶なのだ…！
………
――へい世界一安くてうまいビールお待ち！
どん!
…世界一ビールを飲む国がどこか知っているか…？
生産量・消費量共に世界一は中国！その消費量は世界の全生産量の4分の1！
しかし世界一飲まれている銘柄は「バドワイザー」だ！
誰に言ってるんだ？
――ところでチェコにもまったく同じ名前のビールがあるのを知ってるかね…？
え…!?

バドワイザーの創始者アドルファス・ブッシュはヨーロッパを回ってラガーの製造法を学んだ
そのときチェコで出会ったあるビールをアメリカで「ビールの王様」として売り出した…それが「Budweiser《ブドヴァイゼル》」というビールだったのだ
このビールは現在も造られているが
アメリカのバドワイザーとは似ても似つかぬ味だという…
へい お待ち!
世界一安くてうまい唐揚げ一丁!
……
——そしてチェコは一人あたりのビール消費量世界一でもある…!
チェコは現在日本で一般的に飲まれている「ピルスナータイプ」と呼ばれるビールの発祥地で年間一人あたり平均123ℓも飲んでいる!
チェコではビールが水の次に安い飲み物でほとんど水代わりに飲んでいるのだ
僕に言ってるの…?
さぁ

ちなみに 日本の消費量は 世界第7位 一人あたりでは 44ℓで第41位だが
これは発泡酒や いわゆる「第3のビール」も 含めたものだ
発泡酒の登場以降 ビールの消費量は 年々減少傾向にあるが
それでも日本人が 飲むNo.1は やはりビールだ
…余談だが ビール一気飲み 世界記録は 1・42ℓを5秒 というものだが 挑もうなどとは 考えないことだ
いや考え ませんけど…
へい! 世界一 安くてうまい 鯖の味噌煮 ……
アルコール類全般では 一人あたりの消費量No.1 はアイルランド! ——しかし “純アルコール”となると ルクセンブルクがNo.1!
アイルランドでは 主にビールを愛飲するのに 対し 個人所得世界一でもある ルクセンブルクでは アルコール度数の高いものが 飲まれているらしい
大根
280円

※2011年時点

一人あたりのワイン消費量世界一もフランスではなくルクセンブルクなのだ
…ワインといえば世界最古の酒でもある…
その歴史はおそらく人類よりも古い！
猿が蓄えていた木の実が発酵した「猿酒」なるものもあるがブドウや果物が熟して発酵すれば勝手にワインになる
これを野生動物が食べて酔っ払うこともしばしばある
…またワイン生産量No.1は近年までイタリアだったが――
現在は「輸出額」ともどもフランスがNo.1！
フランスは国をあげてワインの品質向上に取り組んでおり町の委員会が許可を出すまで勝手にぶどうを収穫できない
フランスではまずいワインを造ることは許されず「違法」にすらなり得るそのためどうしても単価が高くなってしまうのだ

…もっとも値段と味は必ずしも比例するとは限らないが…
………
あの……
へいお待ち!
どん!!
世界一安くてうまい風呂吹き大根!
強い酒といえばウォッカ——そのなかで世界最強の度数を誇るのはポーランドの「スピリタス」!
度数はなんと96度!ストレートはもちろんこれを使ったその名も「昇天」というカクテルも飲まないほうが身のためだ!
大根
——ちなみにウォッカといえばロシアというイメージだが世界一の売上を誇るのは「スミノフ」というイギリスのブランドだ
あのー…
世界一安くてうまい肉じゃがお待ち!
…「世界最強のビール」といわれているビールを知っているか…?

それはオーストリアの「サミクラウス」（サンタクロース）という名のビール…これは定期的に発売されるビールのなかでは世界一アルコール度数が高い
普通のビールの熟成期間が1~2ヵ月なのに対し サミクラウスはサンタクロースのモデルである聖ニコラスを祝福する12月6日から丸1年かけて熟成させるのだその度数は14％にもなる！
…あのー
世界一美味しいお酒はなんですか？
…世界一うまい酒…
だん！
それは——
酒を愛する人間の数だけある…!!
へい！
世界一安くてうまいお冷や！
もーいいってば
どんっ

第16話のうんちくを振り返ってみよう

雲竹雄三の教養再確認クイズ

テーマ 世界でいちばん

Q1 世界で最もビールを生産している国は?

Q2 世界で最も飲まれているビールの銘柄は?

Q3 世界で最も売れているウォッカのブランドは?

解答は次のページ

〈解答〉

A1 中国。2012年時点では10年連続、世界一

世界のビール生産量は年々増えており、国別では4898kℓを生産した中国が10年連続でトップ。2位はアメリカ、3位はブラジル。日本は7位だった。消費量でも、やはり中国が1位（9年連続）。ただし、一人あたりの消費量では19年連続でチェコがトップである。

A2 アンハイザー・ブッシュ社の「バドワイザー」

1876年にアメリカで生まれ、いまや80ヵ国以上の国々で愛飲されているビール・バドワイザー。ブランドオーナーはアメリカのアンハイザー・ブッシュ社。なおチェコの「ブドヴァイゼル」はバドワイザーのもとになったビールだが、まったく別のビールである。

A3 英国ディアジオ社の「スミノフ」

19世紀にロシアで誕生し、そのクオリティの高さでロシア皇帝御用達になった「スミノフ」。だが、ロシア革命の際、経営者がフランスに亡命し、その後、アメリカの会社に買収される。アメリカではカクテル革命に火をつけ、数々の定番カクテルを生み出した。1997年からは、英国ディアジオ社のブランドとなっている。

第17話

酒と法

ちょっときみ！
…怪しい者ではない
——いや怪しい！
——名前は？
駅前
雲竹雄三…
なんで真夏にコートなんか着てるんだ？
夏にコートを着ていると罪になるのかね？
質問に答えなさい！
…アメリカでは飲酒運転をしても違反にならなかったと知っているか？
…は？ 何を言ってる!?
飲酒運転はどこの国でも違反に決まってる！

そうではない 州にもよるが「酒酔い運転」は違反だが
たとえ飲んでいても酔っていなければ違反にならなかったのだ
もっとも近年は規制が厳しくなってアルコール血中濃度0・02%で違反になるというが…
………
また たとえ飲んでいなくても運転席や助手席——つまり運転手の手の届く範囲に酒を置いておくのは違反だ
…それがなんなんだッ!?
酔ってるのかきみ!?
イスラム教の法「シャリーア」では飲酒は40ないし80回の鞭打ちだがここは日本で私はムスリムではない
禁酒法といえばアメリカだがかつて日本にも禁酒法があったことを知っているかね?
そんなことは聞いとらんッ

土佐の長宗我部元親は
部下の酒乱に手を焼き
「禁酒令」を出した しかし
一、大酒を飲み酔って暴れ
喧嘩や口論をしてはならな
違反した者は成敗する
自身も酒好きだった
元親は隠れて飲んでいる
ところを家臣に見つかり
禁を解いたという…
また 酒を禁じている
イスラム教圏にも
こっそり営業している
居酒屋はある
何が言いたい!?
人間が
酒と
縁を断つのは
不可能と
いうことだ
くそッ…
面倒くさい奴に
職質した…!
ちなみに「ハムラビ法典」
には 居酒屋や醸造所を
取り締まる世界最古の
法律があるが
…どうやって
コイツを
追い返そう…
日本最古の
酒税制度は
室町時代に生まれた
足利義満は繁盛していた
土倉（質屋）と酒屋に
税を課したのだ
酒税は一壺200文
であったという…

…ところで法を司る者として
現在の酒税法は当然知っているだろうな!?
う…っ
第1問！酒類はアルコール分何%からだ!?
…え!?
えと…確か…
答えは1%！
ただし関税法上では0・5%以上を酒類とする！
いま答えようと思ったのにッ
第2問！ビールと発泡酒かかる税金の差は!?
ええ!?
えーとえーと
平成15年5月よりビール（麦芽使用率50%以上）に対し350mlあたり77円
発泡酒同25%以上には約62円25%未満なら約47円だ！
わかるかそんなモン！
第3問！酒酔い運転の罰則は!?
それはさすがにわかるぞ！
5年以下の懲役または100万円以下の罰金と減点35点だ!!
正解だ
ふー!!
…けどいまのは酒税法じゃなく道交法じゃないか!?

ところで無許可で酒を造るのは当然違法行為だと知っているな?
………あたり前だ!
…ならばなぜ「ビール製造キット」なる物が堂々と売られている!?
うッ…!
説明書に書かれているのはあくまで「ビール風飲料」の製造法であり 本物のビールを造ることは違法であると明記されてはいるが「やってはいけない」と言いつつビール製造法をこと細か※く書き記しているのはなぜだッ!?
それは…
つまり…その…
※アルコール度数が1%未満になるよう調整されている
巷にあふれる「酒雑学本」の中には「やってみようホームメイドビール」などと密造酒造りを奨励するようなことを書いているものもあるッ
これはいったいどういうことだ!?
いや…
だからそれは…
…あなた相変わらずね
!

おまえ…!!
奥様ですか!?
ホッ
別居中だけどね
…いったい何度目かしらね?
こうやってあなたの身元引受人になるのは…
職質されるようなことは何も…
つれて行ってよくて?
はい もちろん!
というかぜひ…!!
行くわよあなた!
みりんは酒税法上「酒類」! したがって酒を扱う資格のない店では売れない!
それからアメリカでは州によっては口の開いた酒瓶を剥き身で持って歩いていると捕まることがある!

…別居して3年も経つのよ
いい加減にしてね
…すまん…
お侘びに一杯おごらせてくれないか
何言ってるの飲めないクセに
………
…そうね
今日はソーヴィニヨンの気分かしら
「シャトー・ド・フューザル」なら つき合ってもよくってよ
…「プイィ・フュメ」で許してもらえないだろうか…

第17話のうんちくを振り返ってみよう

雲竹雄三の教養再確認クイズ

テーマ 酒と法

Q1 自家製ビールキットはなぜ「法律違反」にならないのか?

Q2 酒に関する法律があった最古の法典とは?

Q3 「酒類」と分類される調味料は?

解答は次のページ

雲竹雄三の教養再確認クイズ 「酒と法」

〈解答〉

A1 アルコール分が1%未満だから

日本の法律では、酒類製造免許を持たない者が「酒類」を製造することは禁じられている。しかし酒税法上の酒類とは、アルコール1%以上の飲料のこと。市販されている自家製ビールキットは、アルコール分が1%未満になるよう調整がなされており、これにしたがって製造する限り違法ではない。

A2 世界最古の法典「ハムラビ法典」

世界最古の成文法として知られるハムラビ法典には、酒に関する法律も詳細に定められていた。かなり厳しい法典として有名な法律だけあって、ビールを水で薄めて売ったら溺死刑、僧侶が酒場に立ち寄ってビールを飲んだら火あぶり……などのゾッとする条項が並ぶ。

A3 アルコール分1%以上の「本みりん」は酒類にあたる

ほとんどが料理用として使われているものの、みりんは酒税法で「酒類」と分類される。しかしそれは「本みりん」と分類されるもののみ。アルコール度数が1%未満の「みりん風調味料」なら酒税もかからず、どこでも販売することができる（酒類は酒類販売業免許を持っている店だけで販売が許されている）。

第18話
酒と女は2合まで

…ねぇ
何か面白い話してくださる？
私の知らない話——
…それでは
カリブのベルベットモンキーの話をしようか
300年前西アフリカからカリブ海のセントキッツ島につれて来られたベルベットモンキーたちはビーチのバーで飲酒を覚えてしまった
観光客のドリンクを盗み飲みするのだがほとんどがたしなむ程度なのに15％は常習で 5％は依存的であるらしい
そしてなかにはソフトドリンク専門の下戸もいて面白いことにその割合は人間と同じだという…
その話 前に聞いたわ

…話す前に言ってもらえないか…？
他の話してくれる？
ワイン用のブドウが19世紀ブドウネアブラムシの大発生で絶滅寸前になったことは知っていると思うが…
かの「ロマネ・コンティ」を生むヴォーヌ・ロマネ村だけは苦心惨憺《さんたん》して古いヨーロッパ種を守り抜いたという…
だが接《つ》ぎ木《き》を繰り返した結果病虫害に弱くなってしまった
そこでアメリカでは30年かけて「ハイブリッドぶどう」を作り出したのよね
私の知らない話してくれないかしら
……
日本人を含むモンゴロイドの約半分がＡＬＤＨ２低活性で酒に弱いことはよく知られたことだが
アボリジニはそれ以上に弱いといわれるオーストラリアで居住区への酒類の持ち込みやアボリジニへ飲酒を勧める行為を法律で規制しているのもそのせいか…

…という話はしたかな…？
いいえ聞いてないわ
でも知ってる
………
…ブルゴーニュの「モンラッシェ」と双璧を成す名白ワイン「ムルソー」の語源なんかは…
ラテン語のmuris saltus——つまり「二十日鼠のひととび」カミュの『異邦人』の主人公と同じ名前ね※

※「異邦人」のムルソーは「太陽」などを意味する造語

あとアルコールもその分解産物のアセトアルデヒドも毒性はカフェインより低いとかアルコールが人を酔わせるメカニズムは実はまだよくわかっていないとか肝臓がアセトアルデヒドを処理するのに体重60～70kgならビール中瓶1本約4時間かかるとかいう話も もう聞いたわ
…それでは摂取量が1時間にアルコール12g（日本酒0・5合）のペースであれば血中アルコール濃度を一定に保つことができ永久に飲み続けられるという話も——
聞いた

…帰ろうかしら
ま…待ってくれ！
室町時代北野天満宮が京都の酒屋を仕切っていたという話は…!?
あら
それは初耳ね
室町時代京都にあった300軒以上の酒屋を支配していたのは北野天満宮を本所とする「麹座」だった
麹座の業者たちは北野天満宮の神人《じにん》となることで製造・販売の独占権を得ていたがその後酒屋が延暦寺の助けで酒の密造を始めたため独占権を失って消滅したそうだ
へえ知らなかったわ
ホッ
——でもあんまり面白くないわね
もっと面白い話ない？
え…
えーとそれじゃ…

…蜜蜂が発酵した樹液で酔っ払うことがあるのを知っているか…？酔うと人間同様千鳥足状態になるのだが――
フラフラで巣に戻ると見張りの蜂に不審者扱いされて追い払われてしまうのだ…！
GET OUT!
…ふふ まるでどこかのお父さんみたいね…
くすっ
あけてぇぇ
いれてぇぇぇ
アンデスの酒「チチャ」の造り方は知ってるだろう？
トウモロコシの粉を唾液と混ぜて発酵させるんでしょ？
飲みたくないわね
PRIMER·CAPITVLO·DEL
ACLLACO
インカ帝国の頃クスコには「アクリャ・ワシ」(選ばれた処女の館)と呼ばれる場所があり
そこに集められた美しい少女たちは「太陽の処女」として死ぬまで純潔を守ったという…
ワマン・ポーマの絵文書

彼女たちの仕事は王や王妃の衣服や頭飾りを作ったり太陽に捧げる供え物を作ること そして——
王のための「チチャ」を造ることだった!
インカの王もやっぱり年寄りやむさ苦しい男が造るより
若い女の子が造る「チチャ」のほうがいいってワケね…
あなたもそうでしょ?
えッ!?
いや 私は…!
——タイには3種類の言語があると知っているか!? 標準語では酒を「ラオ」というが
僧侶に対して言うときは「スラー」 国王に対しては「サトー」と言うのだ!
それ聞いた
しまった!
もうおしまい? じゃ…
ま…
待ってくれ…!

じ…実は
最近…
奈良漬けが
食べられるように
なったんだ…!!
へえホント?
すごいじゃない
粕汁は?
い…いや
まだ…
ウイスキー
ボンボンは?
そ…それも
まだ…
「ホッピー」(0・8度)に
挑戦する?
あ…
いや…
そういえばあなた
正月の挨拶回りのとき
お屠蘇《とそ》で撃沈
しちゃって…
そ…その
話は…!

第18話のうんちくを振り返ってみよう

雲竹雄三の教養再確認クイズ

テーマ 酒と女は2合まで

Q1 アルコールが人間の肝臓で処理される時間は?

Q2 酒の味を覚えてしまった猿の名は?

Q3 「アルコールの毒性はカフェインより低い」は正しい?

解答は次のページ

雲竹雄三の教養再確認クイズ 「酒と女は2合まで」

〈解答〉

A1 体重などアルコール処理能力で異なる

同じだけのアルコールを摂取していても、血液が多い人(=体重が重い人)ほど血中アルコール濃度は低くなる。体重60～70kgの場合、「ビール中瓶1本」「日本酒1合」「ウイスキーダブル1杯」を消化するのに4時間はかかるという。

A2 カリブ海のベルベットモンキー

カリブ海のセントキッツ島の猿たちは、ビーチのバーで酒を飲むことを覚えてしまった。ほとんどの猿は、仲間同士でたしなみ程度に甘い酒を飲んでいるようだが、その15%はもはや常習化しており、さらに5%は依存的な状態になっているという。

A3 正しい。だが……

アルコールの致死量は300～360gほどといわれるが、カフェインの致死量は3～10g。一見カフェインのほうが危険と思えるが、これはコーヒー75杯、コーラ200本に相当する量だという。酒のほうが体に優しいと思って安心してはいけない。ちなみに、塩や水にも致死量はあり、なんであれ摂りすぎは禁物のようだ。

主要参考文献

『ビール党のネタ本』佐藤富雄・監修（青春出版社）
『雑学居酒屋』ハイパープレス・著（ＰＨＰ文庫）
『フランスワイン　愉しいライバル物語』山本博・著（文春新書）
『リキュール・スピリッツでひけるカクテルBOOK300』若松誠志・監修（成美堂出版）
『おせん』きくち正太・著（講談社）
『極言』落合信彦・著（ザ・マサダ）
「ニュートン別冊　人体の不思議」（ニュートンプレス）
『毒物雑学事典』大木幸介・著（講談社）
『居酒屋ほろ酔い考現学』橋本健二・著（毎日新聞社）
『眠れないほどおもしろい雑学の本』J・アンカバーク・著／野中浩一・訳（三笠書房）
『最新脳科学で読み解く脳のしくみ』サンドラ・アーモット＋サム・ワン著／三橋智子・訳（東洋経済新報社）
『図説学習　日本の歴史』和歌森太郎、風間泰男・著（旺文社）
「旅のガイドムック　中国の本」（近畿日本ツーリスト）
『「鉱物」と「宝石」を楽しむ本』堀 秀道・著（ＰＨＰ文庫）
『マヤ文明・インカ文明の謎』落合一泰、稲村哲也・著（光文社文庫）
『「世界の神々」がよくわかる本』東ゆみこ・監修／造事務所・著（ＰＨＰ文庫）
『大吟醸バガボンド』島内景二・著（枻文庫）
『なぜ長寿の人は赤ワインを飲んでいるのか？』白澤卓二・著（メディアファクトリー）
『のみたい、うまい日本酒がわかる お酒の本』梅原茂順・著（永岡書店）
『Mother Water 酒と水の話』酒文化研究所・編（酒文化研究所）
『うまい日本酒はどこにある？』増田晶文・著（草思社）
『焼酎・泡盛　味わい銘酒事典』木村克己・著（新星出版社）
「たべもの日本史総覧」「日本たべもの百科」（新人物往来社）
『お酒でおいし～く酔える本』博学こだわり倶楽部・編（河出書房新社）
『酒とつまみのウンチク』居酒屋友の会・著（ＰＨＰ研究所）

主要参考サイト

「ビール酒造組合」（ビール酒造組合）http://www.brewers.or.jp/
「All About」（株式会社オールアバウト）http://allabout.co.jp/
「R25」（株式会社リクルート）http://r25.yahoo.co.jp/
「キリンビール」（麒麟麦酒株式会社）http://www.kirin.co.jp/
「アサヒビール」（アサヒビール株式会社）http://www.asahibeer.

co.jp/
「ギネスワールドレコーズリミテッド」（ギネスワールドレコーズジャパン）http://corporate.guinnessworldrecords.jp/
「サッポロビール」（サッポロビール株式会社）http://www.sapporobeer.jp/
「（社）全国公正取引協議会連合会」（社団法人 全国公正取引協議会連合会）http://www.jfftc.org/
「日本酒サービス研究会・酒匠研究会連合会」（日本酒サービス研究会・酒匠研究会連合会）http://www.sakejapan.com/
「日本酒類販売株式会社」（日本酒類販売株式会社）http://www.nishuhan.co.jp/
「李白」（李白酒造有限会社）http://www.rihaku.co.jp/
「国税庁」（国税庁）http://www.nta.go.jp/
「大七」（大七酒造株式会社）http://www.daishichi.com/
「四季桜」（宇都宮酒造株式会社）http://www.shikisakura.co.jp/
「菊正宗」（菊正宗酒造株式会社）http://www.kikumasamune.co.jp/
「真澄」（宮坂醸造株式会社）http://www.masumi.co.jp/
「玉乃光」（玉乃光酒造株式会社）http://www.tamanohikari.co.jp/
「学研科学創造研究所」（学研科学創造研究所）http://www.gakken.co.jp/kagakusouken/
「Web magazine 風」（特定非営利活動法人連想出版）http://kaze.shinshomap.info/
「焼酎ハイボール倶楽部」（宝酒造株式会社）http://shochu-hiball.jp/
「サントリー」（サントリーホールディングス株式会社）http://www.suntory.co.jp/
「焼酎紀行」（ヤマエ久野株式会社）http://www.shochu-kikou.com/
「お酒のはなし」（独立行政法人酒類総合研究所）http://www.nrib.go.jp/
「赤塚屋」（有限会社赤塚屋百貨店）http://akatsukaya.com/
「泡盛百科」（沖縄県酒造組合）http://www.okinawa-awamori.or.jp/
「日本メディカルサービス」(株式会社日本メディカルサービス)http://jms.la.coocan.jp/
「焼酎 SQUARE」（日本蒸留酒酒造組合）http://www.shochu.or.jp/
「宇和島市立歴史資料館」（宇和島市）http://www.city.uwajima.ehime.jp/www/contents/1150209642062/index.html

「ホッピービバレッジ株式会社」(ホッピービバレッジ株式会社) http://www.hoppy-happy.com/

「サントリー　ワインスクエア」(サントリーホールディングス株式会社) http://www.suntory.co.jp/wine/

「ドン　ペリニヨン　シャンパン」(ドンペリニヨン) http://www.domperignon.com/ja/

「日本洋酒酒造組合」(日本洋酒酒造組合) http://www.yoshu.or.jp/

「NIKKA WHISKY」(ニッカウヰスキー株式会社) http://www.nikka.com/

「京都ブライトンホテル」(京都ブライトンホテル) http://www.brightonhotels.co.jp/kyoto/

「辻調おいしいネット」(辻調グループ) http://www.tsujicho.com/oishii/

「日本テキーラ協会」(日本テキーラ協会)http://www.tequila.ac/

「共同通信 PR ワイヤー」(株式会社共同通信ピー・アール・ワイヤー) http://prw.kyodonews.jp/

「バカルディ ジャパン」(バカルディ ジャパン株式会社) http://www.bacardijapan.jp/

「cognac.fr」(全国 Cognac 事務局〈BNIC：Bureau National Interprofessionnel du Cognac〉) http://www.cognac.fr/

「銀座ライオン」(株式会社サッポロライオン) http://www.ginzalion.jp/

テレビ朝日「奇跡の地球物語」(株式会社テレビ朝日) http://www.tv-asahi.co.jp/miracle-earth/

「ko-e マガジン」http://www.koemagazine.com/

「GUINNESS」(ディアジオジャパン株式会社) http://www.guinness.com/

「財団法人 航空医学研究センター」(財団法人航空医学研究センター) http://www.aeromedical.or.jp/

「キリンホールディングス」(キリンホールディングス株式会社) http://www.kirinholdings.co.jp/

「nikkei BPnet」(株式会社 日経ＢＰ) http://www.nikkeibp.co.jp/

「zakzak」(株式会社 産経デジタル) http://www.zakzak.co.jp/

「メルクマニュアル医学百科最新家庭版」(ＭＳＤ株式会社) http://merckmanual.jp/mmhe2j/

「三番町ごきげんクリニック」(三番町ごきげんクリニック) http://www.kenko.org/

「Bloomberg.co.jp」(ブルームバーグ エル・ピー) http://www.bloomberg.co.jp/

「アンチエイジングカフェ」(ＮＰＯ法人アンチエイジングネッ

トワーク）http://www.anti-ageing.jp/
「大神神社」（大神神社）http://www.oomiwa.or.jp/
「箸勝本店」（株式会社箸勝本店）http://www.hashikatsu.com/
「伊勢屋箸店」（株式会社 伊勢屋箸店・キッチンプラザ いせや）http://www.kp-iseya.jp/
「全国おしぼり協同組合連合会」（全国おしぼり協同組合連合会）http://www.kasiosibori.or.jp/
「トーエー商会」（株式会社トーエー商会）http://www.toei1966.co.jp/
「割り箸　株式会社大月」（株式会社大月）http://www.otuki.co.jp/
「柏露酒造」（柏露酒造株式会社）http://hakuroshuzo.np.to/
「銀座 三河屋」（銀座三河屋）http://www.ginza-mikawaya.jp/
「小西酒造株式会社」（小西酒造株式会社）http://www.shirayuki.co.jp/
「アベ鳥取堂」（株式会社アベ鳥取堂）http://www.abetori.co.jp/
「Business Media 誠」（アイティメディア株式会社）http://bizmakoto.jp/
「livedoor NEWS」（NHN Japan 株式会社 ）http://news.livedoor.com/
「北極星」（北極星産業株式会社）http://www.hokkyokusei.jp/
「社団法人日本食肉協議会」（社団法人 日本食肉協議会）http://101-0054.nisshokukyo.com/
「weblio 辞書」（ウェブリオ株式会社）http://www.weblio.jp/
「篠山市商工会」（篠山市商工会）http://inoshishi.tanba-sasayama.com/
「毎日 jp」（株式会社毎日新聞社）http://mainichi.jp/
「やきとり .co.jp」（株式会社やきとりカンパニー）http://www.yakitori.co.jp/
「goo 辞書」（エヌ・ティ・ティ レゾナント株式会社）http://dictionary.goo.ne.jp/
「北海道十勝総合振興局」（北海道十勝総合振興局）http://www.tokachi.pref.hokkaido.lg.jp/
「江戸川 石ばし」（江戸川 石ばし）http://unagi-ishibashi.com/
「かねふく」（株式会社かねふく）http://www.kanefuku.co.jp/
「紀文」（株式会社紀文食品）http://www.kibun.co.jp/
「だだぱら」（JA 鶴岡）http://www.dadacha.jp/
「ダイエー」（株式会社ダイエー）http://www.daiei.co.jp/index.php
「ぐるたび」（株式会社ぐるなび）http://gurutabi.gnavi.co.jp/
「食育大事典」（株式会社日本食品薬化）http://www.shokuiku-

daijiten.com/
「リビングアイ」（南日本リビング新聞社）http://www.living-eye.com/
「熊本県」（熊本県庁）http://www.pref.kumamoto.jp/
「社団法人　高知市観光協会」（社団法人高知市観光協会）http://www.welcome-kochi.jp/rcc/index.html
「RICOH Communication Club」（リコージャパン株式会社）http://www.rcc.ricoh-japan.co.jp/
「COBS ONLINE」（株式会社マイナビ）http://cobs.jp/
「泡盛百科」（沖縄県酒造組合）http://www.okinawa-awamori.or.jp/
「のむりえ」（全日空商事株式会社）http://www.nomurie.net/index/
「フジ日本精糖株式会社」（フジ日本精糖株式会社）http://www.fnsugar.co.jp/
「酔心山根本店」（株式会社　酔心山根本店）http://www.suishinsake.co.jp/
「日本貿易振興機構」（独立行政法人日本貿易振興機構）http://www.jetro.go.jp//indexj.html
「YOMIURI ONLINE」（読売新聞本社）http://www.yomiuri.co.jp/
「ロイター」（トムソン・ロイター・マーケッツ株式会社）http://jp.reuters.com/
「交通違反ドットコム」（交通違反ドットコム）http://www.angs.jp/
「高知県」（高知県庁）http://www.pref.kochi.lg.jp/
「警視庁」（警視庁）http://www.keishicho.metro.tokyo.jp/
「the guardian」（Guardian Media Group）http://www.guardian.co.uk/
「Wines from Spain Japan」（スペイン大使館経済商務部）http://www.jp.winesfromspain.com/

取材協力
プロレス&スポーツBar ドロップキック
瀬川屋

他、「Pen」（阪急コミュニケーションズ）「imidas」（集英社）をはじめ、様々な雑誌を参考にさせていただきました。

メディアファクトリー新書　071

漫画・うんちく居酒屋

2013年2月28日　初版第1刷　発行

著　者　室《むろ》井《い》まさね
発行者　近藤隆史
発行所　株式会社メディアファクトリー
郵便番号　150－0002
東京都渋谷区渋谷3－3－5
電話　0570－002－001（読者係）

定価はカバーに表示してあります。

乱丁本・落丁本はお取替えいたします。

印刷・製本　図書印刷株式会社

ISBN978-4-8401-5112-2 C0230